玉永公子

用語「発達障害」批判

論創社

プロローグ

元ＴＢＳのアナウンサーが、発達障害であると紹介するＮＨＫの番組がありました。その人物をテレビで見る限り、才能あふれる方という印象があります。生活上、多少のぎこちなさがあったとしても、障害という名をつけるのは相応しくないという感じがしました。それで、ＮＨＫが番組として取り上げたことの真意は何かと考えました。

はじめに思ったことは、「その元アナウンサーのような状態でも発達障害なのだから、発達障害といわれても気にすることはない、社会でバリバリと活躍できますよ」というメッセージを人々に送ったのだろうか？　ということです。

次に思ったことは、「その元アナウンサーを発達障害と認定するならば、世界中の大多数が発達障害になるだろう」ということです。

さらに、重度な状態の、自閉症、LD・ADHDで苦しみ、特別なかかわりが必要な人たちへの配慮がない番組だと感じました。

個性的な人、ユニークな人、ちょっと風変わりな人、集団からはみ出る人、人とは違う考え方をする人、天才的な人、他人と一斉の行動をしない人、等々に「発達障害」という用語を当てはめる風潮です。

優れた発想をするある人が、「発達障害」と呼ばれていたことをネットで知りました。呼ばれた人は、『革命のファンファーレ――現代のお金と広告』の著者でした。彼はユニークな人で、平均的な生き方をしていないことが、ツイッターなどを見るとよくわかります。

誰かが、この人をアスペルガーではないかと思ったらしく、発達障害の子どもの育て方について、という質問をしていました。しかし、『革命のファンファーレ』の作者は、考え方や行動が平均的ではありませんが、コミュニケーション・スキルに優れた方で、自閉スペクトラム症のカテゴリーに入る人ではありません。

重度な自閉症の状態から、社会で縦横無尽に活躍する個性的な人々の状態までを発達障害とする社会は、正常ではないと思います。

これから、「発達障害」という用語の使われ方について批判的に書いていきます。そして、「自閉スペクトラム症・ＬＤ・ＡＤＨＤ」の統括用語「発達障害」は必要ないという意見を伝えたいと思います。

用語「発達障害」批判◇もくじ

II 用語「発達障害」の捉え方

III 自閉症（*Autism*）

Ⅳ ADHD（Attention Deficit Hyperactivity Disorder）

V LD（*Learning Disability*）

VI

脳機能に働きかける

用語「発達障害」批判

I

発達障害という用語

1 障害と症

ＤＳＭというアメリカの精神疾患の診断書の日本語訳は、二〇一三年までは「自閉症スペクトラム障害」だったけれど、最新版では「自閉スペクトラム症」という表記に変わっています。

「注意欠如・多動性障害」は、「注意欠如・多動症」、「学習障害」は「限局性学習症」と表記されています。

日本語に翻訳するとき、それらの状態は「障害」ではなく「症」で表せる状態だと、関係者が考えたのでしょうか。

「発達上の障害」と表現すれば、肢体不自由など、発達過程でのさまざまな状態が想起されますが、「発達障害」という四字熟語を聞くと、「発達障害」という一つの障害があると思ってしまう人が出てきます。

ですが、「発達障害」という障害はありません。

2 「発達障害」用語の曖昧さ

「発達障害」という言葉は、アメリカの診断書にあるDevelopmental Disorderの日本語訳です。ＤＳＭという診断書内では、はじめ「知的障害」「自閉症」「ＬＤ」をDevelopmental Disorder（発達障害）としますが、後にＡＤＨＤも加えます。

しかし、改訂版のＤＳＭ（診断書）内においては、診断のための分類の仕方が変わり、Developmental Disorder（発達障害）という言葉は消えています。

英語版で消えたDevelopmental Disorderの日本語訳「発達障害」という言葉が、内容を明確にせず、広まっています。

従来、肢体不自由、病虚弱、視聴覚障害、知的障害、ダウン氏症候群、自閉症等といった問題をもつ子どもたちは、特殊教育の学校や学級で教育を受けてきました。しかし、これらの状態に入りきれない子どもたちが注目されるようになって、二〇〇七年ごろから、その子たちを「発達障害」という用語で括るようになっています。

これを「自閉症・ＬＤ・ＡＤＨＤ」を括った言葉として使うならば、ＤＳＭ－Ⅲ（診断書）内で、この二つをDevelopmental Disorderと統括した英語の日本語訳としては理解します。

しかし、自閉症・ＬＤ・ＡＤＨＤは、三者の状態が異なり、それぞれに適切な対応をする必要があります。「発達障害」という名でひとまとめにして対応できるといったものではありません。

そして、そこに、個性的、ユニーク、風変わり等々の状態が、「発達障害」用語に包含されて、その言葉が定着していることについては、理解の範疇を超えます。

「自閉症」でもない、「ＬＤ」でもない、「ＡＤＨＤ」でもない人たち、つまり、個性的と呼ばれる人々を巻き込んで、「発達障害」用語が広まっている現状を見過ごすことはできません。

3 障害をつけて呼ぶことはない

あるとき、一人の男子学生が研究室に来ました。授業の課題提出が遅れたことの言い訳なのか、最近母親に、「あなたは発達障害らしい」と言われたと、不安そうにするのです。母親の友人が、そうではないかと言っていたというだけで、確たる根拠があってのことではなさそうでした。

原稿用紙に書かれたレポートを見ると、平均的なでき具合の文字と文章だったので、「何の発達障害？」と聞くと、首を横にかしげて、「さあー？」と、浮かない顔をしていました。

私が、「読み書きに関するできなさなら、言語性ＬＤという状態があるけれど。今度ゆっくりあなたのことを聞かせてね」と言って、その場は終わりました。

その後、発達障害という言葉も、言語性ＬＤという言葉も使うことなく、彼の期末テストも平均的な成績で、春学期が終わりました。

教室でその学生の状態が問題になることはなく、ＬＤでもＡＤＨＤでもなく、自閉症でもない（それらの極微細な状態があるかもしれません、ないかもしれませんが）、彼を障害という言葉で形容する必要があるのかと、晴れやかな気持ちにはなれませんでした。

4 個性を「発達障害」と捉える？

二〇一七年のネットニュースです。毎日のようにテレビに出て司会者として活躍している人が、「自分は小さいころ発達障害だったので母親が劇団とかに入れたので、このようになってしまった」と語っていました。それに対して、Ｍ県の元知事が「発達障害というからいけないんじゃない。個性ということじゃない？」と、返したということが、話題になっていました。

二〇一八年の夏に開催された教育者の会で、発達障害という題の講演がありました。その発表で使われた、パワーポイントの最後のスクリーンの、左端上に「発達障害」、右端

下に「個性」と書かれていて、その講演をした専門家が、「発達障害」は「個性」だと言っていました。

さらに、その専門家は、ある電子作家のことに触れ、その作家が自分自身のことを「選択的発達」と呼び、一般の人を「平均的発達」と呼んでいることを紹介して、「障害」という言葉よりは、この方がよいとも言っていました。

しかし、個性的、選択的では済まされない、支援が必要な重度な自閉症・LD・ADHDの状態があることは明らかです。この三つに個性的な状態も含めて「発達障害」と呼び、発達障害は個性だと言い切る講演者に、誰も反論していませんでした。

質問の時間はありませんということだったからでしょうか？

私は以前、別の教育者の会で、「発達障害」という言葉の使い方がおかしいのではないかと質問したことがあります。そのとき、その会のトップの方が、もうすでにそうなっているのだから、という答えで、議論の余地はないという風でした。

『広辞苑』を見ると、「個性」は「個人に具わり、他の人とは違う、その個人にしかない性格・性質」とあり、「障害」は「さわり。さまたげ。じゃま。身体器官になんらかのさわりがあって機能をはたさないこと」とあります。

「自閉症・ＬＤ・ＡＤＨＤ」と「個性」を混ぜて「発達障害」という用語に統合し、その言葉をはやらせていては、「自閉症・ＬＤ・ＡＤＨＤ」への対応が埋もれてしまいます。「自閉症・ＬＤ・ＡＤＨＤ」には、適切な支援が必要です。このことは、教育者でなくても、一般の人が分かっていることです。

5　教師には指導する責任がある

その「発達障害」と題する講演会の聴講者はほとんどが教師でしたが、講演者は、「教師に責任はありません」と言っていました。

「発達障害」は生まれながらのものだから、どのような手も打てないということを言いたいのでしょうか。しかし、遺伝子からきているとしたら、それは発達障害ではないはずです。

遺伝子からきているところに責任はないでしょうけれど、さまざまな学びのタイプを考

慮し、さまざまな指導法を取り入れて、「自閉症」「ＬＤ」「ＡＤＨＤ」の子どもを、より良い状態に導く立場の教師には、大きな責任があります。

講演の中で「責任はない」と言い切るならば、その責任の意味することを詳しく述べる必要があると思いました。

6 自閉症・ＬＤ・ＡＤＨＤには適切な対応が必要

ある落語家とタレントが、自分は発達障害であると公表しました。

そのとき、私は、彼らは「広汎性発達障害（自閉症）」だったのかと、思いましたが、書かれたものを読んでいくと、前者は「ＬＤ」で、後者は、幼いころアメリカで「ＡＤＤ」と診断された、と語っていることがわかりました。

このような場合、「自分はＬＤ」「自分はＡＤＤ」とはいえない社会的な背景が日本にはあるのでしょうか。「ＬＤ」や「ＡＤＤ」用語は、スティグマ（汚名）だというのでしょ

うか。

適切な対応で改善できるＬＤやＡＤＨＤ／ＡＤＤを「発達障害」という用語に包括すると、対応の手がかりがなくてどうすることもできない状態、という思いを人々は抱きます。

ある教育センターの相談員の方が、「発達障害といわれても、曖昧で、どう対処すればよいかわからないことがある」と話していたと、知人に聞いたことがあります。

ぼやけた写真のような「発達障害」という言葉に惑わされず、「自閉症」「ＬＤ」「ＡＤＨＤ」について、正しく知ることが必要です。

ある講演会の講演者は、パンフレットの紹介欄に「発達障害について造詣が深い」と書かれていました。

「自閉症について造詣が深い」「ＬＤについて造詣が深い」「ＡＤＨＤについて造詣が深い」「個性について造詣が深い」としなければ語れないほど、それぞれに深い内容があります。せいぜい一時間の講演で、「発達障害」と題して、この四者を造詣深く語れる人がいるのでしょうか。

7 従来「発達障害」用語は「自閉症」を指していた

精神医学者の高岡健先生が書かれた、「発達障害」に関する著述を見ていきます。この書から分かることは、日本語の「発達障害」の意味するものは、自閉症だということです。

まずこの著書では、一九四三年に書かれた、自閉症を見出したレオ・カナーの論文を紹介しています。まだ、カナーは自閉症という言葉を使っていませんが、一一人の子どもの事例と共に、自閉症の特徴を記しています。ここでカナーは、知的障害と自閉症を分けて捉えるようにしたと伝えています。それまで、自閉症は知的障害として捉えられていました。

そして、一九四四年にハンス・アスペルガーが、四つの症例を「小児期の自閉的精神病質」として発表しています。アスペルガー症候群が、児童期に発する精神疾患とは、異なるものと認められるようになったのは、アスペルガーの発表からずっと後のことです。

高岡先生は、「発達障害」として、以下のような本の紹介をしています。それらは

(1)『知的障害——定義、分類および支援体系（第10版）』（米国精神遅滞協会編）
(2)『幼児自閉症の研究』（L・カナー）
(3)『自閉症』（M・ラター、E・ショプラー編）
(4)『自閉症とは何か』（小澤勲）
(5)『自閉症とアスペルガー症候群』（U・フリス）
(6)『自閉症の心の世界——認知心理学からのアプローチ』（F・ハッペ）
(7)『自閉スペクトル』（L・ウイング）
(8)『自閉症 成人期に向けての準備』（P・ハリウン）

などです。

専門の医学者が発達障害の書物として紹介しているほとんど全てが、自閉症に関する書物です。ＤＳＭ－Ⅳでは Pervasive Developmental Disorder（日本語訳「広汎性発達障害」）の中に自閉症の全てが含まれていました。ここでも分かるように、「発達障害」用語は、自閉症に使われていた用語です。

8 教育の問題

他にも「発達障害」について書かれた書物があります。「発達障害概念を講義する側の品格」という氏家靖浩先生の著書です。氏家先生は「発達障害」とは、二つの次元における〝教育〟の問題だと述べています。そして、

(1) 学校教育のような公教育全般が機能し、全ての子に向き合えるようであれば、発達障害という概念の用いられ方は違っていた。この用語に、本人より、親より、医療機関より、学校教育現場が、一番振り回されている。

(2) 発達障害と向き合う側の人々を要請する専門職の教育が、発達障害概念を歪めてしまう、決定的欠陥がある。

といった問題をあげています。

そして、ご自分のお子さんが幼いころ発達障害の可能性があると診断されて、保健師さんや作業療法士さんに見てもらうように言われたけれど、二人のお子さんは、今では、なぎなた、ピアノ、野球、水泳をこなし、元気にたくましく成長している、と結んでいます。

その用語に惑わされた教育現場と、専門の教育を受けたとされる人たちによる診断が、間違っていたということになります。

氏家先生のいわれている、公教育が全ての子に向き合っていれば、発達障害という概念の使われ方が違っていたと述べる根底には、インクルーシブ教育（問題のある子もない子も全ての子を含む教育）という教育思想があるのだろうと考えます。

「公教育が全ての子に向き合」っていれば、学校教育で起きている多くの問題が、問題となっていないのではないかと思います。

9 「発達障害」と言い切れない

障害者心理を講義する氏家先生は、次のようにも述べています。

「発達障害と呼ばれるものは、そんなにあっさりと言い切れるものではない、というのが実情ではないだろうか。少なくとも、筆者は発達障害をクリアーに語れる自信はない。おのずと歯切れの悪い講義になる。一応、さまざまな定義や診断基準を示しつつ、どうぞ受講生の皆さん、これをこのまま鵜呑みにしないでください、筆者の言うことを信じないでくださいといった、講義する側も講義を聴く側も、お互いが人間不信になるような講義を延々とすることが多くなる」

慎重な講義を心掛けているという氏家先生は、発達障害とは、そんなに簡単に位置づけられるものではないと、実感していると述べています。

「障害はある」「発達障害とは○○である」というような、憶測を吹き込むことの危険性に配慮して、講義をしていきたいとも述べています。

発達障害とは「自閉症・ＬＤ・ＡＤＨＤ」である、と捉えることに危険性があるのではなく、この三者以外のことがこの用語に入り込むことを氏家先生は懸念していたのだろうと思います。曖昧模糊としたわからない状態がこの用語に含まれてくることを心配していたのだと考えます。

さらに、「あっという間に、発達障害を固定的な障害として信じ、疑問をもたなくなってしまう危うさが潜んでいる」といわれていますが、氏家先生の危機感は的中して、すでに世間はそのようになっています。

10 「発達障害」という用語の始まりと終わり

精神状態を診断するために、アメリカの精神医学会で発行している「精神疾患の分類と診断の手引き（ＤＳＭ）」があります。

一九八七年に発行された第三改訂版（ＤＳＭ－Ⅲ）に、「Developmental Disorder」とい

う用語が使われたのが始まりです。これが日本語で「発達障害」と訳されました。ＤＳＭ－Ⅲでは、Developmental Disorder（発達障害）を次の三つの状態を括る用語として使いました。

（１）知的障害（精神遅滞）
（２）広汎性発達障害（自閉症）
（３）Learning Disabilities（学習障害と訳される）

以上の総称として始まり、後に（４）として、ＡＤＨＤ（注意欠陥、多動）が加わり、この四つを括った概念として用いられていました。

この四分野のどれか一つの診断基準にあてはまれば、Developmental Disorder（発達障害）と判定されることになったのです。

しかし、それぞれの状態は異なり、四つ全てを貫く厳密な定義はないというのが事実でした。

そして、ＤＳＭ－Ⅲが発行された七年後、一九九四年に改訂版のＤＳＭ－Ⅳが出版され

ました。すると、ＤＳＭ（診断書）内の分類の仕方が変わってしまい、この四分野を一つの用語、Developmental Disorder（発達障害）では括れなくなるという状況が起きたのです。そのことを説明するため、滝川一廣先生（小児精神科医）の著書から引用してみます。

「ＤＳＭは、診断をいくつかの軸に分けて、各軸ごとにアセスメント（査定）する多軸診断をとっている。軸ごとのアセスメントを重ね合わせて、総合的に患者をとらえるためである。

ＤＳＭ－Ⅲ（一九八七）では、（発達障害）は（人格障害）と並んでⅡ軸に置かれた。精神障害は一般にⅠ軸に置かれるが、（発達障害）と（人格障害）だけは別の軸に分離されたわけで、この二つは、一般の精神障害とは次元の異なるものと考えられたらしい。

ところがなぜか、ＤＳＭ－Ⅳ（一九九四）に改訂されると、Ⅱ軸は、（精神遅滞）と（人格障害）だけになり、（広汎性発達障害）以下はⅠ軸に繰り込まれた。（精神遅滞）と（広汎性発達障害）とは別次元に分けられたわけで、そうなれば、（精神遅滞）と（広汎性発達障害）を同じカテゴリーに括るのは具合が悪い。そのせいかＤＳＭ－Ⅳでは、（発達障害）という総称は姿を消している」

DSM－Ⅲ（一九八七）の分類

Ⅱ軸には、発達障害（Developmental Disorder）として「**精神遅滞**、広汎性発達障害、LD、ADHD」と「**人格障害**」が記載された。

DSM－Ⅳ（一九九四）の分類

Ⅱ軸には、「**精神遅滞**」と「**人格障害**」だけが記載され、「広汎性発達障害」「LD」「ADHD」はⅠ軸に記載された。

＊そして、用語「発達障害」の表記は消えた。

＊広汎性発達障害とは自閉症のこと。

DSMで生まれDSMで消えた用語、「発達障害」のいたずらな概念の拡大や拡散が生じることに、滝川先生も警鐘を鳴らしています。

ちなみに、Ⅰ軸は「臨床的介入の対象となる障害」で、Ⅱ軸は「人格障害と精神遅滞」でしたが、この「多軸診断」という診断分類も今は廃止されています。

そして、DSM－5のⅡ部「診断基準とコード」の中で、「神経発達症群」として、知

的能力障害群、コミュニケーション症群、自閉スペクトラム症、注意欠如・多動症、限局性学習症が、まとめて記載されるようになっています。

『広辞苑』には元来の言葉の意味として、「発達障害とは心身の発達が困難な、あるいは極めて緩慢な状態」とあります。プロローグで触れた鋭敏な元ＴＢＳアナウンサーが、「発達障害」と呼ばれるとすれば、辞書に照らしても、概念の拡大や拡散が、すでに生じていることがわかります。

II

用語「発達障害」の捉え方

1 学者が考える用語「発達障害」

河合俊雄先生（臨床心理学者、心理療法家）は、「近年において、（発達障害）という診断を受ける人が統計的に増えている……一九四三年に自閉症（Autism）という名の下で発見された症状が、年を追って増えていることになる。しかし、それは、そのように医学モデルで考えることができるのであろうか」と指摘しています。ここで、河合先生も、「発達障害」を自閉症と捉えていることがわかります。

河合先生は、医学の世界では新しい病気の発生や流行がつきもので、ペスト、ＡＩＤＳ、アレルギー疾患の増加、新型インフルエンザの例をあげ、「心理療法や精神医学においても新しい病理や症状が登場し流行することがある。そして、かつて流行した対人恐怖症、境界例、解離性障害などは減っていき、そのあとから、近年に非常に目立つようになったのが発達障害である」と述べています。

河合先生の書の中に、「発達障害を、自閉症を広げて、ＡＤＨＤ等の軽症のものを含め

て捉えた方が、心理療法的アプローチにとっては適切である。そして、その中核的な特徴は、主体の欠如であると考えられる」と述べる箇所がありますが、すでに、ＤＳＭ－Ⅲで発達障害は、知的障害・自閉症・ＬＤ・ＡＤＨＤの四分野を指していたのですから、「ＡＤＨＤを含めて捉えた方が」と言われていることは、ここでも、河合先生が「発達障害」を自閉症と捉えていることが分かります。

さらに、発達障害の中核的な特徴は、「主体の欠如」と述べていますが、このことは重度な自閉症の人には、あてはまるかもしれませんが、ＬＤやＡＤＨＤの人には当てはまらないと考えます。

発達障害の捉え方に一貫性がない状況の中で、「発達障害」という用語に国民が右往左往している現状に対し、滝川先生、そして、氏家先生が鳴らした警鐘は無視できないと思います。

2 日本以外ではどうか

私は、アメリカとマレーシアの特別教育の現場で、ボランティア活動をした経験があります。両国とも、自閉症（Autism）はAutism、ＬＤはＬＤ、ＡＤＨＤはＡＤＨＤと呼び、状態に適った、改善へのさまざまな教育活動が行われています。それぞれの特性を理解し、子どもたちが社会で生きていけるように導いています。

マレーシアのペラ州で、特別教育に携わったのは、二〇一四年一月から二〇一五年一二月までです。

マレーシアでは、四つの状態を「発達障害」という用語で大雑把に括って、その用語が流行するようなことはありません。それぞれの状態を「自閉症（Autism）・ＬＤ・ＡＤＨＤ・知的障害」という用語で呼び、学校の先生方は各状態に適切な対応をすべく、日々、努力を重ねています。

マレー語でできたディスレクシアの診断法を、イポー市立タシ・ダマイ小学校のサラム

先生が、紹介してくださいました。それはマレー語に精通しないと理解困難でしたが、LD状態に誠実に対応していることが伝わってきました。

ちなみに、「ディスレクシア」用語は、DSM－5では、診断用語としては消えています。それは、言語性LD（Language Based LD）となり、LBLDと省略形でよぶこともあります。しかし、読み障害に関しては、DSMでは、説明をつけて、「ディスレクシア」という用語の使用ができるとしています。

二〇一四年にクアラルンプールで開催された国際自閉症フォーラムは、時の大統領夫人がパトロンとなって行われた、盛大なものでした。

二〇一三年五月に第五改訂版DSM－5が発行され、自閉スペクトラム症という用語に、自閉症の全ての状態が括られたことについて、大々的な討論が行われました。

マレーシアでは、それぞれの状態に応じた特別教育に熱が入っていますが、私が観たところ、自閉症児の教育には困難を感じているようでした。そこで、アメリカ、ノースカロライナ州立大学のエリック・ショプラー教授が開発した、自閉症のTEACCHプログラムを紹介しました。

倉庫になっていたぼろぼろの教室を掃除するところから始め、段ボールで構造化教室を

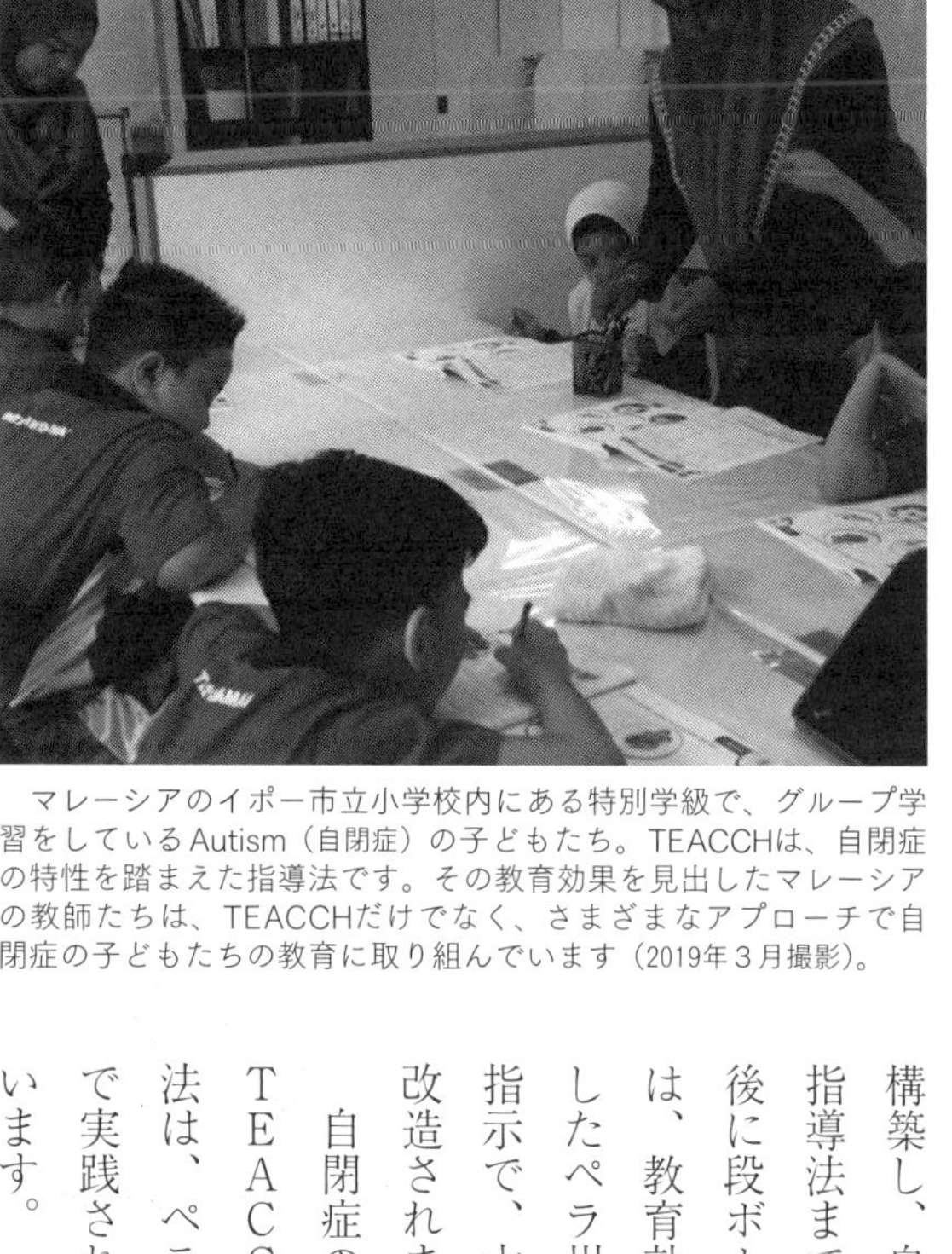

マレーシアのイポー市立小学校内にある特別学級で、グループ学習をしているAutism（自閉症）の子どもたち。TEACCHは、自閉症の特性を踏まえた指導法です。その教育効果を見出したマレーシアの教師たちは、TEACCHだけでなく、さまざまなアプローチで自閉症の子どもたちの教育に取り組んでいます（2019年３月撮影）。

構築し、自立課題を作成し、指導法までを伝達しました。後に段ボールの構造化教室は、教育効果があると判断したペラ州特別教育局長の指示で、木でできた教室に改造されました。

自閉症の特性を踏まえたＴＥＡＣＣＨによる教育方法は、ペラ州の多くの学校で実践され、成果を挙げています。

二〇一九年三月に、ペラ州を再訪問して、ＴＥＡＣＣＨの実践校五校を見学してきました。各校の置かれた状況の中で、自閉症教育に真剣に取り組んでいる様子がうかがえました。

マレーシアは、発達障害という用語で、子どもたちを曖昧に捉えることなく、それぞれの用語のもとで、それぞれの状態に真摯に対応しています。

アメリカはインクルーシブ教育実施の割合が九〇%以上であるといわれています。つまり、障害の有無にかかわらず、ほとんどの児童生徒が公立の学校に在籍していることになります。そんな中、私立の特別学校に学ぶ子どもたちもいます。

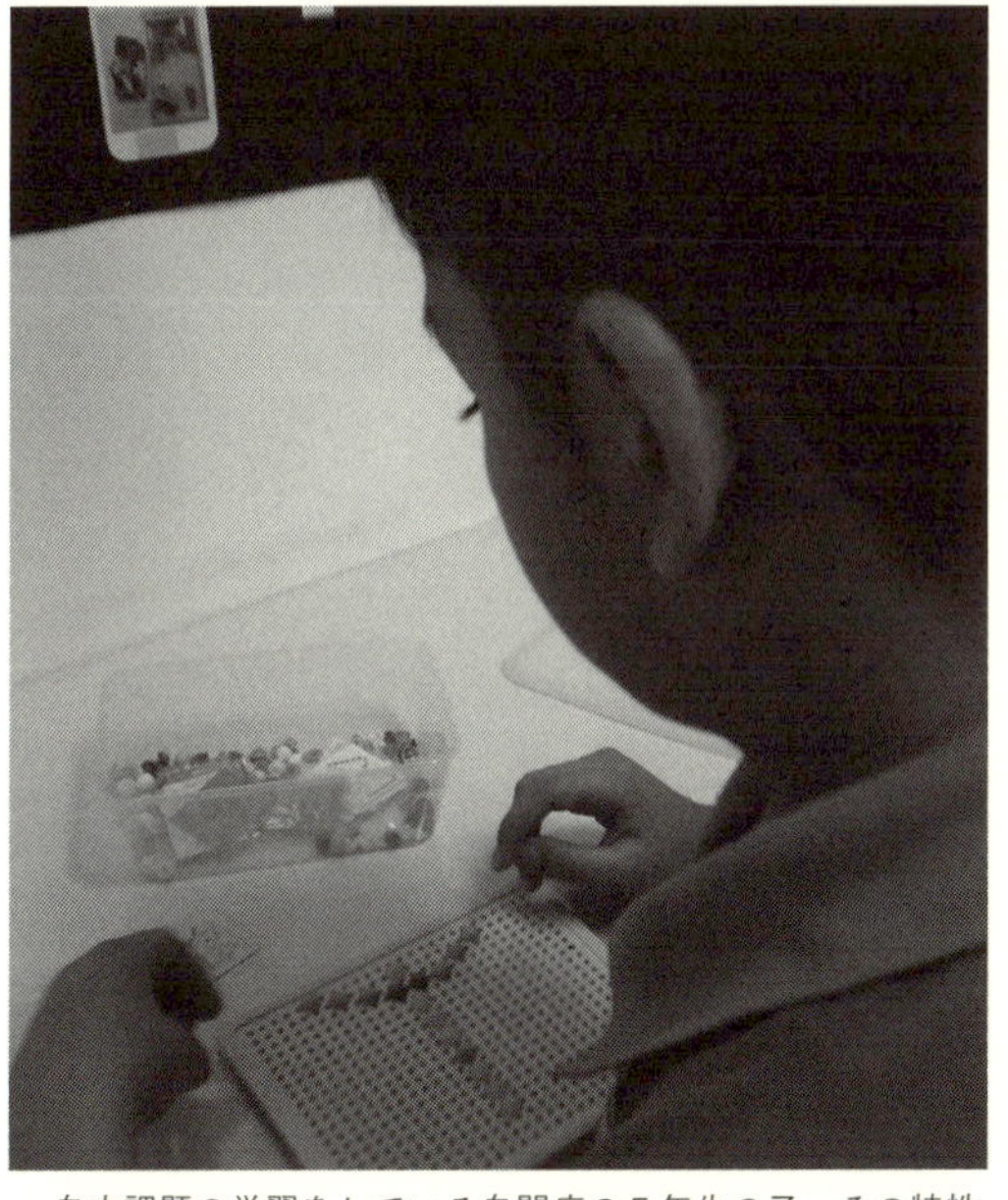
自立課題の学習をしている自閉症の５年生の子。その特性を踏まえた教育を施すために、子どもたちが自閉症であるのか、LDであるのか、ADHDであるのか、正しく把握することが、彼らを支援する第一歩です。発達障害と言い放っていては、適切な教育が行き届かないと思います。

彼らの父母は、特別学校で学びたいという希望を公共機関に伝えねばなりません。インクルーシ

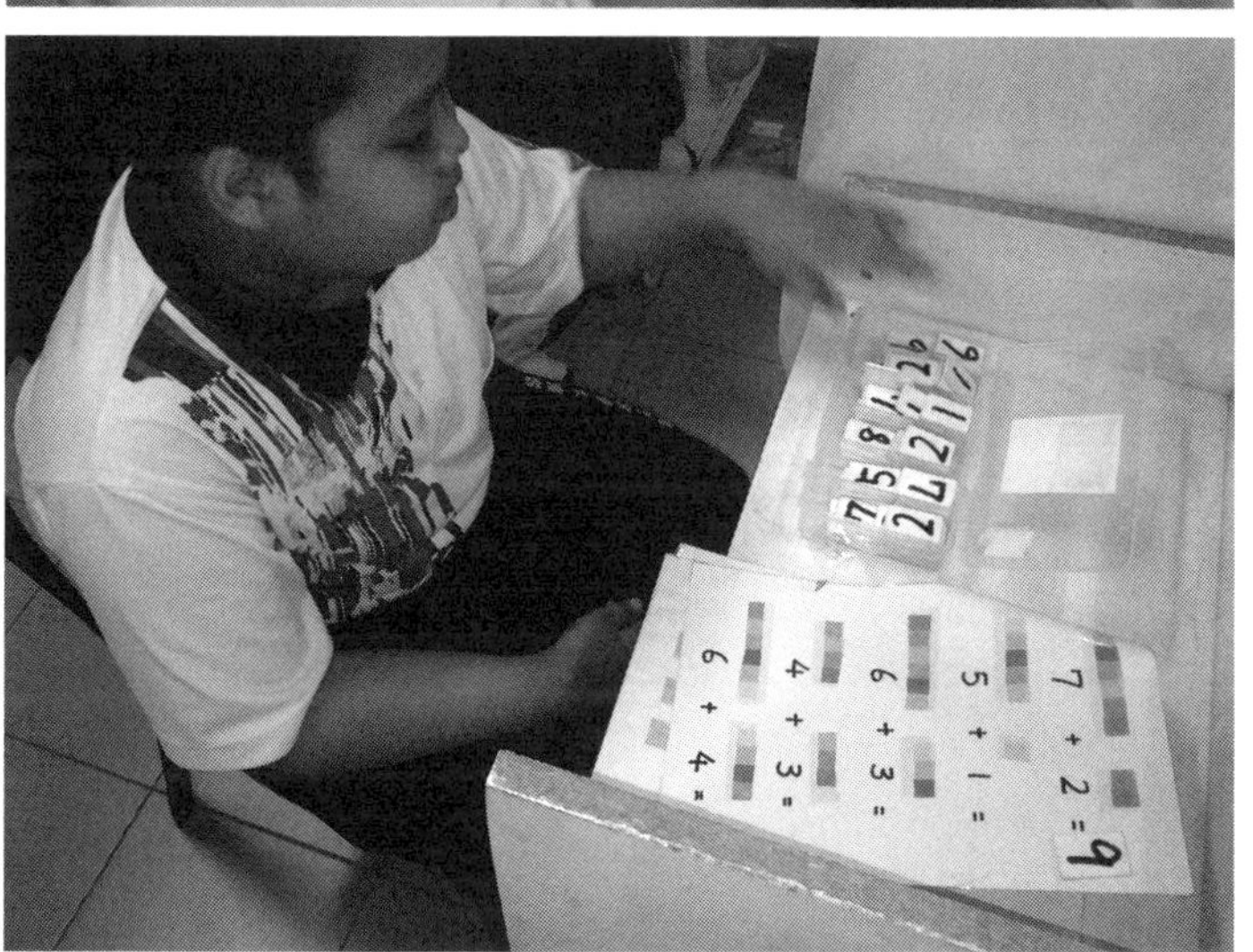

2015年に撮影したものです。彼は、自閉症と診断されています。当時１年生で、高機能な子どもです。

30

入学当時、彼は、多くの場面で自分勝手に行動していたのですが、TEACCHによる自閉症児の教育を始めて数か月後、自立課題を始め、教師のリードに合わせて、グループで活動することができるようになりました。各子どもたちの特性にかなった教育を行い、社会に適応することができることを目指し、マレーシアの教師の実践は、今なお続いています。

ブ教育よりも、自分らの子どもは特別学校で学ばせたい、といった内容の申請書を含む、申し込みに関する書類は分厚く、手続きは簡単ではありません。

ロサンゼルスに「The Help Group」という教育機関があります。ここは、一九七五年に設立されたＮＰＯで、自閉症・ＬＤ・ＡＤＨＤ・発達の遅れ・虐待・感情問題等をもつ子どもたちが学んでいます。

全日制の学校で、保育園から高校までのプログラムが、一四〇〇人以上（二〇一三年当時）の幼児、児童、生徒に実施されていました。

広大なロサンセルス郡に六つのキャンパスをもち、それぞれのキャンパスは教育内容に特色をもっています。最近ではオレンジ郡にも三つ目のキャンパスができたと聞いています。

それぞれのキャンパスには、教育内容に特性があります。

ヴィレッジ・グレン・キャンパスでは、高機能自閉症や非言語性ＬＤの生徒にソーシャル・スキルを養うとともに、大学進学へのカリキュラムを実施しています。このキャンパスとシャーマン・オークス・キャンパスは、ギフテッド教育も行っています。

さらに、Autism（自閉症）やその他のコミュニケーションの問題や、発達の遅れ

(Developmental delays) のある三～五歳児へのアセスメントや初期の教育活動にかかわるサービスも提供しています。

サンライズ・キャンパスでは、Autism（自閉症）とDevelopmental Disabilities（日本語訳「発達障害」）の教育が行われています。今日本ではやっている「発達障害」用語は自閉症を含んでいますが、ここでは、自閉症と発達障害用語は並列です。

このキャンパスの包括的なプログラムは、中程度から重度な障害をもつ生徒に提供され、自立することに焦点を置いた職業技術訓練がキャンパス内外で行われています。

サミット・ヴィユー・キャンパスは、平均か平均以上の知的能力をもつLearning Differences（学び方の違い）の生徒が学んでいます。ここには、大学進学へのプログラムがあり、生徒の可能性を最大限に伸ばしていくことが目標となっています。

コールド・ウォーター・キャンパスでは、ＬＤとＡＤＨＤと社会的な情緒問題をもつ生徒を支援するためにデザインされたカリキュラムが提供されています。

そして、ノース・ヒル・キャンパスでも大学進学のためのカリキュラムが、学習や社会性や情緒問題にチャレンジする生徒のために提供されています。生徒たちは、教育や治療の場で、多様な学習スタイルと共に、個人的にも社会的にも成長できる、この小さな共同

体から恩恵を受けています。

The Help Group では、子どもたちのニーズに合った教育を四〇年以上も、そして今なお、発展的に続けています。

「発達障害」という用語に包括して、曖昧にするのではなく、一人一人の子どもの特性を把握して、的確な教育をすることを The Help Group に学びたいものです。

3 日本では

日本では、長年、盲児の教育、聾児の教育、肢体不自由児の教育、精神遅滞児の教育、重症心身障害児の教育等の優れた障害児教育が、特殊教育として行われていました。

今、発達障害の中に包括されて語られていますが、自閉症児の教育は一九六〇年代から行われています。

そして、一九八〇年前後から、それまでの特殊教育にあった分野には属さないけれど、

一斉授業の指導では、行き届かない子どもたちの存在に目が向けられるようになりました。まだＬＤという用語も、アメリカから入っていない頃で、「学業不振児」というタイトルで、研究会を設ける教育委員会もありました。

世界では、一九九四年に、ユネスコとスペイン政府が「特別ニーズ教育世界会議」を開催し、サラマンカ宣言を採択しました。これは、学校が、特別な教育的ニーズをもつ、全ての子どもたちに対応するため、インクルーシブ教育を促進するという声明でした。インクルーシブ教育というのは、「障害があってもなくても、子どもたちは、公立の通常学校で学ぶこと」を意図します。

世界がそのような動きをしている中、日本では、二〇〇七年三月に初等教育局が、「ＬＤ、ＡＤＨＤ、高機能自閉症を発達障害と表記する」と発表し、特殊教育の分野に「ＬＤ・ＡＤＨＤ・高機能自閉症」を加えて、特別支援教育が始まります。

このとき、厚生労働省は「発達障害」の定義を「自閉症、アスペルガー症候群、その他の広汎性発達障害、学習障害、注意欠陥多動性障害」とうたって、支援の法律を定めていきます。

一九九四年に、ＤＳＭ－Ⅳ上で消えたDevelopmental Disorder（日本語訳「発達障害」）と

いう用語を、二〇〇七年に文部科学省と厚生労働省で、公的に使い始めたのです。

二〇一三年に、改訂版ＤＳＭ－５が発行されて、「アスペルガー症候群も広汎性発達障害（自閉症）も高機能自閉症等」も全て、自閉スペクトラム症という用語に括られて、各用語の記載は消えました。

自閉スペクトラム症には、自閉症の様相のさまざま状態が含まれています。重度な自閉症の人から、自閉症的か、そうでないかわからないまでの状態を、スペクトラムで表現するようになったのです。

二〇一七年三月に、文部科学省は、「発達障害を含む障害のある幼児児童生徒に対する教育体制整備ガイドライン……発達障害等の可能性のある段階から、教育的ニーズに気づき、支え、つなぐために……」というタイトルで、特別支援教育についての通達を出しています。

自閉スペクトラム症・ＬＤ・ＡＤＨＤは「発達障害」用語で括られていますが、教育的ニーズを知るには、それぞれの用語が前面に出ることが必要です。そして各特性を明らかに把握してこそ、初めて、教育的ニーズに行きつくのではないかと考えます。

日本では自閉症の子どもたちの教育は、五〇年以上も前から行われています。二〇一八

年にマレーシアの特別教育担当の教師たちが日本に研修に来て、日本のこの教育現場から学ぶことが多かったと述べていました。

発達障害用語に括って、どうしてよいかわからないという状況は、日本の自閉症教育の現場にはなく、優れた教育が行われていると確信します。

そこを批判しているのではなく、自閉症も含まれた発達障害という用語の使い方を批判するためにこれを書いています。

4 DSM－Ⅳの表記

DSM－Ⅳで「発達障害（Developmental Disorder）」という表記が消えたとき、その箇所はどう表現されたかというと、「通常、幼児期、小児期または青年期に初めて診断される障害（Disorder Usually First Diagnosed in Infancy, Childhood, or Adolescence）」となっています。

そして、下位カテゴリーは、

（1）精神遅滞　Mental Retardation

（2）学習障害　Learning Disorder

（3）運動能力障害　Motor Skill Disorder

（4）コミュニケーション障害　Communication Disorder

（5）広汎性発達障害　Pervasive Developmental Disorders（自閉症）

（6）注意欠陥および破壊的行動障害　Attention Deficit and Disruptive Behavior Disorder

という六つです。これらは、適切な対応が不可欠です。

5 DSM－5の表記

DSM－5の総括的用語も、DSM－Ⅳから変わり、「発達障害（Developmental Disorder）」は、「神経発達症群（Neurodevelopmental Disorder）」となっています。

「神経発達症群」の下位カテゴリーは、

（1）知的能力障害群　Intellectual Disabilities
（2）コミュニケーション症群　Communication Disorder
（3）自閉スペクトラム症　Autism Spectrum Disorder
（4）注意欠陥・多動症　Attention Deficit/ Hyperactivity Disorder
（5）限局性学習症　Specific Learning Disorder
（6）運動症群　Motor Disorders

の六つです。

「神経発達症群」とは、典型的に、発達期早期に明らかとなり、社会生活、学業、職業における機能の問題を引き起こすとされます。

発達の不備の範囲は、「学習または実行機能の制御（行動をコントロールなど）といった特異的で限られたものから、社会技能または知能の全般的な問題まで、多岐にわたる」と、ＤＳＭ－５には記載されています。

個性的な状態をひっくるめて「発達障害」とすることは、もはや世界では通用しません。

6 インクルーシブ教育

すでに触れましたが、氏家靖浩先生の「発達障害とは、二つの次元における〝教育〟の問題」という指摘は、その言葉を使ってはいませんが、インクルーシブ教育を示唆したものだと捉えています。

一つ目の、「学校教育のような公教育全般が機能し、全ての子に向き合っているようであれば、発達障害という概念の用いられ方は違っていた」という指摘について考えます。

ここでいう全ての子とは、「肢体不自由・知的障害・視聴覚障害・病虚弱・自閉症・LD・ADHD等の状態がある子もない子も」ということだと捉えます。その全ての子に教育が機能するとは、まさにインクルーシブ教育を指しています。

障害のある子もない子も同じ学校で教育を受けることができれば、そして、それが機能

すれば、肢体不自由・知的障害・視聴覚障害・病虚弱・LD・ADHD・自閉症・重度重複障害等といった概念は必要ないことになります。

そして氏家先生は、「この発達障害の用語に、本人より、親より、医療機関より、学校現場が一番振り回されている」と述べていますが、これほど適切な指摘があるでしょうか。

7 診断の難しさ

氏家先生の二つ目の指摘は、「発達障害と向き合う側の人々を養成する専門職の教育が、発達障害概念を歪めてしまう決定的欠陥がある」というものですが、「発達障害」であると診断することの難しさ、専門職に就く人の教育者としての在り方の指摘です。

ご自身の経験を述べられています。お子さんたちが小さいころ「発達障害」の可能性があると診断されたけれど、大きくなった彼らは、普通に成長していると紹介しています。「自閉症・LD・ADHD」の診断も容易ではないところに、「個性」を含めて「発達障

害」とすると、容易でなさはさらに大きくなり、曖昧模糊とした「発達障害」像で診断することになり、間違った診断をしてしまうのも当然かと思います。

まずは、専門職養成カリキュラムにあるはずの、「自閉症・ＬＤ・ＡＤＨＤ」について、その基本的知識を習得することに、大きな力を入れてほしいものです。

ここからは、自閉スペクトラム症・ＬＤ・ＡＤＨＤについて、述べます。それぞれの様相を知ると、「発達障害」という用語に三領域は括れないし、そこに個性という用語をもってきては、対応は至難であることを知ってほしいと思います。

それぞれに繊細で、複雑な状態があることを書いていきます。

自閉症（*Autism*）

1 自閉スペクトラム症

既に述べましたが、一九四三年に、アメリカの小児精神科医、カナーが見出した子どもの状態です。言語の遅れや知的な遅れ、固執性などを示す子どもたちで、以後に、自閉症(Autism)と名付けられました。

カナーは当初、その子らを小児スキソフレニア(小児統合失調症)と診断しましたが、後にそれは、統合失調症とは異なる状態であると判断していきます。

翌年の一九四四年に、オーストリアの小児精神科医、アスペルガーは、カナーの見出した、自閉症に状態は似ているけれど、知的な遅れも言語の問題ももたない、子どもの事例を報告しています。

アスペルガーの見出した子どもたちのことは、長年にわたって取り上げられることはなかったのですが、一九九四年にＤＳＭ－Ⅳで、アスペルガー症候群と記載されて、多くの人々が、この名前を知るようになりました。

これは、言語障害がなく、知能も平均かそれ以上ですが、人とのコミュニケーションがうまくいかず、対人関係に問題があり、社会生活に不適応を起こす状態です。

知的に高く、言語障害もない高機能自閉症と、アスペルガー症候群の差はなく、同じ状態であるとする研究者も少なくありません。

アスペルガー症候群について、村瀬学先生（元同志社大学教授）が、「何に基づいてアスペルガーという人の名前がつけられているのかが、分からない」と述べています。高機能自閉症でよいではないかということなのでしょうか。

ダウン氏症候群もハンセン氏病も、染色体や病気を発見した人の名前で、氏が付けられています。アスペルガーの場合、保育士さんが、「この子はアスペルガーでね」というような使い方をしていて、「アスペルガーが独り歩きをしている」と、現場の用語として、通用していることの不思議さを、村瀬先生は述べています。

精神科医の高岡先生は、「アスペルガー症候群という呼称は早晩消える……その概念が自閉症スペクトラムの中に既に含まれるからです。それにもかかわらず、現在は何か突出して使われている。しかし、近い将来は、その突出している分が、もう少し、平坦になるだろう、そういう意味です」と述べていますが、ＤＳＭ－５に至って、高岡先生のアスペ

ルガー用語に関する予測は的中し、診断名としては消えています。

DSM－Ⅳにおいて、「広汎性発達障害（自閉症）」の下位カテゴリーとして、次の五つが記載されていました。

（1）自閉性障害＝自閉症
（2）レット障害
（3）小児期崩壊性障害
（4）アスペルガー障害
（5）特定不能の広汎性発達障害

DSM－5では、これら全てが、「自閉スペクトラム症」の用語に収められて、下位分類はなくなりました。

DSM－5が刊行された（二〇一三年）頃のことです。

「医者にASDと診断された」と言って、自分は重大な病気をもっていると深刻になっている青年がいました。

ＡＳＤは、Autism Spectrum Disorder（自閉スペクトラム症）の頭文字です。ＡＳＤが何かを知らせずにそれだけを診断名として伝えたら、深刻になる人が現れてもおかしくはありません。しかし、深刻になるという点で、その青年は、スペクトラム上の知的にも、言語上でも、平均に近いか、高い領域にある人のように感じます。

自閉スペクトラム症の内容は、ＤＳＭ－Ⅳで表記された広汎性発達障害（自閉症）の下位カテゴリー（状態）が全て含まれます。

どのような様相であるのかを、確認の意味で、ＤＳＭ－Ⅳに記載された状態像から簡単に説明してみます。

2 レット障害

正常な発達の期間（生後五か月から四八か月）の後に発症します。

頭部の成長の減速、手の技能の喪失、対人関係の消失、協調の悪い歩行、重篤な言語発

達障害、などが起きる状態です。

3 小児期崩壊性障害

生後少なくとも二年間の正常な発達で獲得された技能（話す、聞く、対人関係、排便排尿の機能、運動能力など）の喪失があります。障害は、他の特定の広汎性発達障害または、統合失調症ではうまく説明できない状態です。

4 特定不能の広汎性発達障害（非定形自閉症を含む）

人間関係または言語的、非言語的な意思伝達力の発達に重症で広範な障害がありますが、

特定の広汎性発達障害や統合失調症などの基準を満たさない場合に用います。

5 自閉性障害

これは、いわゆる自閉症（Autism）です。目と目で見つめ合ったりする対人相互反応の調節に障害があります。仲間関係をもったり、楽しみや興味を自発的にもったりできず、成し遂げたものを他人と共有することもできません。話し言葉の遅れや、反復的な言語の使用や、社会的な物まね遊びの欠如があります。常同的で限定されたことに熱中し、儀式にこだわったりします。

6 アスペルガー障害

言語や認知の発達、年齢に相応した自己管理能力、適応能力などの明らかな遅れはありません。しかし目と目で見つめ合うなど非言語活動の著しい困難や、仲間関係を作ることの失敗や、情緒的相互作用の欠如などがあります。また、常同的で限定された型の興味に熱中します。

以上、ＤＳＭ－Ⅳで表記されていた広汎性発達障害（自閉症）について、簡単に記述しました。

7 学者が捉える自閉症の様相

一個人が全ての状態を示すことはありません。しかし、自閉症の様相を知ると、「発達障害」という用語が、頻繁に聞こえてくる社会は異常です。

自閉症状態に対応することが、いかに大変であるか、それが書かれたものを見ていきます。

玉井収介先生の書『自閉症』と、熊谷高幸先生の書『自閉症からのメッセージ』の著述から引用して伝えます。これらの様相を知ると、「LD・ADHD」を含めて「発達障害」とすることは、大雑把すぎます。

ちなみに、自閉症とアスペルガーの文献が日本に入ってきたのは戦後で、牧田清志先生（元東海大学教授）が、カナーの考えを、平井義信先生（元大妻大学教授）がアスペルガーの考えを伝えたそうです。

このとき、英語のAutismを「自閉障害」というように「障害」を使わず、「自閉症」と、

「症」の字で訳したのは誰だろう、この状態に関して、どのような見解をもっていたのだろうと考えます。

日本で自閉症の例が初めて報告されたのは、一九五二年で、玉井収介先生も、その年に最初のケースに出会い、その後、一九六〇年にカナータイプの自閉症児に会ったそうです。そのときの母親の詳細な育児記録を玉井先生は紹介しています。

玉井先生の記述より（1）

「満二歳になるまでは、一人遊びの多い子というくらいで、歩きはじめ、ことばなどは普通である。二歳過ぎから、おもちゃを取り上げられても取り返しに行かないとか、長い言葉が外国語のようになるとか、疑えば疑える記述が登場する。そして間もなく母親の記録は途切れ、半年の間に急激な変化が起こる。母親は記録どころではなくなったのである。私が彼に会った時は、三歳半であった。黒いベレー帽をかぶった、貴公子のような整った顔立ちであったが、すでに言葉も表情も失っていた」

玉井先生の記述より（2）

「自閉児は矛盾や例外を許容したり、場面によって変化したりということはむずかしい。……ある子は、（水虫は何センチメートルの虫か）と聞いた。昆虫だと思っているらしい。母親は困って、あれは虫ではないといった。するとこの子は、（虫でないものを虫というな）と答えたという」

自閉症の融通の利かなさの事例です。

自閉症の症状が見え始めるころの状態を熊谷先生も記述しています。

熊谷先生の記述より（1）

「自閉症とは……未完成な、また、それだけに爆発的な発達を遂げる幼い脳に起きた小さな出来事によるものである。最初は小さな異変であったものが、大きな建築物の大事な骨組みにできたわずかな亀裂のよう。自閉症者が、この世に生を受けて間もなくの間は、この異変による傷跡を、そのあどけない表情の下に読み取ることはできない……」

正に、二歳から三歳頃の発達過程に起きた障害といえます。熊谷先生はまた、カナーが自閉症の症状とした五つの特性を要約して紹介しています。

熊谷先生の記述より（2）

「カナーの自閉症、五つの特性は、

（1）周囲からの極端な孤立
（2）ことばの発達の歪み
（3）強迫的な同一性保持の傾向
（4）物に対する特別な技能や優れた記憶力
（5）潜在的な知能

以上の五つである。このように、診断の大枠は決まってきたけれど、どこからどこまでを自閉症とみなす、ということになると境界線を引きにくい」

と述べて、同じ子どもが異なる診断者によって、自閉症になったり、ならなかったりする矛盾があることも指摘しています。

8 DSM－5に表現された自閉症の様相

DSM－5は、「自閉スペクトラム症」の診断的特徴を、次のように記載しています。

「自閉スペクトラム症の基本的特徴は、持続する相互的な社会的コミュニケーションや対人的相互反応の障害、および限定された反復的な行動、興味、または活動の様式である。これらの症状は、幼児期早期から認められ、日々の活動を制限するか障害する。（中略）障害の徴候もまた、自閉症上の重症度、発達段階、歴年齢によって大きく変化するので、それ故に、スペクトラムという単語で表現される」

「自閉スペクトラム症は、以前には、早期幼児期自閉症、小児自閉症、カナー型自閉症、高機能自閉症、非定形型自閉症、特定不能の広汎性発達障害、小児崩壊性障害、およびアスペルガー障害と呼ばれていた障害を包括している」

自閉スペクトラム症の内容を知ると、それが中心となる用語、「発達障害」が頻用される社会は、何度も書きますが、異常でしかありません。

9 自閉症の原因と様相

自閉症の原因をカナーは、はじめ脳の障害と考えますが、その後、心因説を唱え、後にまた、脳に現れた障害によるものと、いうように捉え方を変えていきます。

脳の障害説の代表者、イギリスの精神科医ウイングは、自閉症児を長期に観察し、改善されにくいのは言語よりも社会的な発達で、社会的な発達の遅れは、深刻なものであると指摘しています。

熊谷教授は、「最近の神経心理学的研究において、自閉症の脳では、言語や認知の働きに関する皮質部に損傷が認められることは少なく、もっと深部の脳に問題がある、というデータが次々に提出されるようになった。深部の脳といえば、ヒトの欲求や感情や本能的な社会的行動の発生源である」と述べて、深部の脳障害説からくる情緒の障害も考えられると述べています。

病因は、脳の形態異常、感染症、先天性代謝異常、染色体異常によるものなど、数十か

ら数百にも及ぶとされています。

原因はこれだと言い切れない自閉症をもつ人々について、熊谷教授は、「自閉症の人たちは、これまで述べてきたように、その振る舞いもコミュニケーションの仕方も、内部世界も、私たちにとっては、一風変わった人たちなのだった。しかし、その不思議さは、宇宙の別のところから突然やってきた不思議さではなく、私たちと起源を同じくするところから現れた不思議さなのである。私たちと分岐してできた距離が増すにしたがって、その不思議さも増していくのだった」と述べています。

この著述からのイメージとして、スペクトラム上の一方の端に、自閉症の状態がある人々、もう一方の端に、自閉症の状態がない人々が存在していて、「あらゆる人間の状態像スペクトラム」に、全ての人々が生きているという図が浮かんできます。どこからが障害と判断できるのか、慎重を要します。

次からは、ＡＤＨＤについて書きます。

IV

ADHD

(Attention Deficit Hyperactivity Disorder)

1 ADHDの徴候

注意欠如／多動症（Attention Deficit Hyperactivity Disorder）の頭文字で、ＡＤＨＤです。この状態は、「不注意、多動、衝動」の三つが主な徴候です。

ＡＤＨＤは幼児や低学年の子に行動上に顕れます。行為をコントロールしたり、注意を向けたりすることが困難な状態です。

ＤＳＭ－５に詳しくその状態が記載されています。ここでは、それらを簡略にして、紹介します。

不注意

細部を見過ごし、作業が不正確
集中が困難
すぐに脱線する

時間管理が苦手
持続が苦手
ものをよくなくす
気が散る
忘れっぽい

多動／衝動

手足をそわそわ動かす
たびたび席を離れる
走り回る
静かに遊べない
じっとしていない
しゃべりすぎる
順番を待てない
他人の邪魔をする

・以上の状態のうち六つ（またはそれ以上）が、六か月以上持続し、発達の水準に不相応で、社会や学業に悪影響を及ぼす
・一二歳になる以前から症状が存在
・社会的、学業的、職業的機能を損ない、その質を低下させる明確な証拠あり
・その症状が、統合失調症、その他の精神病性障害では説明不可

以上が、ＤＳＭ－５で表記されたＡＤＨＤの特徴を簡略に記述したものです。この中の一つや二つの行動が数回あっても、ＡＤＨＤとは判断できません。その特徴が、六個以上、六か月以上続くことが、診断のためには必要です。

2 ＡＤＨＤの原因

原因として、環境的要因、脳障害、遺伝、機能欠損などがあげられています。

いくつかの研究は、環境的要因として、喫煙とアルコール摂取について言及しています。それらを使用中に妊娠して生まれた子どもや、妊娠中の使用で生まれた子どもがＡＤＨＤになる可能性が示されています。予防策は、喫煙とアルコールの摂取をやめることしかないと考えます。

初期の理論の一つに、注意欠陥は脳傷害によって起きるというものがありました。脳傷害にいたるような事故を被った子どもたちが、ＡＤＨＤの徴候と同じような、いくつかのサインを示すことがあります。しかし、外傷的な脳傷害でなったＡＤＨＤの子どもの率は、極めて低いこともわかっています。

ＡＤＨＤの発生率は、一般に全人口の五％ですが、ＡＤＨＤの子どもの家族関係者になると、その二五％がＡＤＨＤをもつことが分かっています。これは遺伝によるＡＤＨＤを示唆します。

一九九九年に発足して以来、ＡＤＨＤ分子遺伝学ネットワークは可能な遺伝子の発見を共有すべく研究者を支援し、遺伝子とＡＤＨＤの関係のさらなるリサーチを続けています。

また、日本の群馬大学とドイツのゲーテ大学が、ＡＤＨＤを引き起こす原因について共同研究をしているという新聞記事（日本経済新聞等）がありました。

その研究者らは、二〇一〇年六月に、ＡＤＨＤをもつ人に「ＣＩＮ85」と呼ばれるたんぱく質の機能欠損があるということを発表しました。「ＣＩＮ85」とＡＤＨＤの関係が証明されれば、医療的なかかわりに、プラスの大きな変化が起き、ＡＤＨＤについてのさまざまな事象は、解決される可能性があることを示唆しています。

3 ＡＤＨＤをどう見るか

ＡＤＨＤ状態は社会生活に影響します。このことを、世界の人々はどのように捉えているのか、精神科医榊原洋一先生の著述から見ていきたいと思います。

榊原先生の記述より（1）

『多動性障害児』という著書の中で榊原先生は「多動性障害は、医学において最もよく

研究された疾患であり、その疾患単位の正当性に関するデータは他のどんな疾患のデータも圧倒するものがある」というアメリカの医学雑誌に、発表された論文を紹介しています。「一〇〇年前から、多動性傾向が強い子どもは認識されていて、診断基準もＤＳＭ－Ⅳ やＷＨＯ（世界保健機構）などで分類されている。

前述のとおり、注意欠陥、多動、衝動が診断の三要素である。アメリカの医学界では、多動性は病気とみなしているが、日本やヨーロッパの国の人は、医者も含め、これを独立した病気であるとすることをためらっているという。リタリン等の薬が効くという事実さえなければ、多動性障害というレッテルは必要ないというのが、一般的な医師の気持ちであり、イギリスにおける一七％という発生率の高さも、病気と呼んでよいのかという疑問を持つ」

＊リタリンは現在日本での使用が禁止され、コンサータ、アデラルなどが使用されています。

榊原先生の記述より（２）

「多動性障害の子どもの症状は、程度の差はあっても、大多数の子どもたちに見られるものだ。どこまでが正常で、どこからが異常と判断しにくい症状ばかりである。しかし、

アメリカの医学界は、病因論的な立場ではなく、実利的な立場で捉えているから、病気としてよいかなどというのは、あまり大きな問題にはならないのである。

大事なことは、そのような症状で社会に不適応を起こしている子どもがいることであり、またそのような子どもたちが、薬物療法によって症状が改善し、社会的な不適応が軽快するという事実なのである」

ＡＤＨＤという状態があるということが問題で、それを改善できる方法を見出し、子どもたちの学習に支障がないようにすることが必要という実利的な立場に賛成します。

薬物療法であれ、行動療法であれ、その不適切な行動を正すことで、学習に向かう姿勢を整えることができれば、それに越したことはありません。

アメリカにおける六〇年以上にわたる使用で、薬物療法の害は見出していないことを、その道のスペシャリストであるジョージタウン大学のシルバー博士が示唆しています。

4 医師ホフマンの子ども

いつのころから、多動な子どもが問題視されていたのでしょうか。記録によると、西暦一八〇〇年代に、ドイツの医者であったドクター・ハインリッヒ・ホフマンが、多動な子どものことを書いています。彼は多動であった自分の子どもの観察を続け、詩や物語といった形でその様子を描きました。今日では、ADHDと呼ばれるであろう、多動な子どもの様子です。

彼の著書は、『Figgety Phil（落ち着かないフィル）』と題して、一八四五年に出版されました。

物語の中に、夕食のテーブルで、家族が言い争う場面があります。騒動はいつでも、息子、フィルの行為によって起きていました。

例えば、フィルは、次のように描かれています。

彼は、食事中、椅子を前後に揺らす
まさに、揺り椅子（馬）のように
落ち着かない、いたずらな子
無礼な野生児のよう

そのころは、科学的なアプローチはなく、多動で衝動的なタイプのフィルを、両親は「Bad Child」と呼んでいました。

原始時代は、獲物を求めて激しく動き回る大人も子どもも、優秀な人たちであったかもしれません。しかし、社会や家庭に秩序というものができてくると、時と所をかまわず動き回る子どもは、非難されるようになります。ＡＤＨＤが問題とされるのは、社会の様相と関係があるようです。

約二〇〇年前、フィルは周囲の大人たちに叱られてばかりだったけれど、その状態が障害であるなどと言われることもなく、おおらかに育ったであろうことが、想像に難くありません。

5 医師クリットンが見つけた不注意タイプ

ドクター・ホフマンが、多動な子どもを描写したときより、約半世紀前、一七八九年に、スコットランドの医師、アレクサンダー・クリットンが、不注意タイプの子どもの様子を記述していたといわれています。

「家の中で聞こえる何らかの音、足音、椅子を引く音、スプーンの鳴る音、ドアを開閉する音、暑さ寒さ、明るさ暗さなど、全ての刺激に反応し、注意が散漫になってしまう」といった状態が、報告されています。

これは、今の診断基準では、不注意型ＡＤＤと診断されるということです。ドクター・クリックトンの報告した子どもは、生活上、普通にある刺激に敏感になり、それによって気が散る散漫状態です。ぼんやりした不注意型ではなく、注意しすぎ型の注意問題です。すでに二〇〇年以上前に、注意しすぎ型のＡＤＤ状態が、クリットン医師によって記録されていました。

6 神経過敏なＡＤＨＤ

ある母親が、自分の子のことで相談にみえました。その子は小学二年生で不登校中でした。学芸会の練習でいろいろな音が響いて不安になるので、休んでいると言っていました。周囲の微妙な音や、人とちょっと触れ合うたびに、怖くなるのだそうで、教師に発達障害の疑いがあるといわれたそうです。

長女が高機能自閉症なので、次女のこの子もそのようなことなんだろうと、教師の助言を受けました。

けれど、その子には自閉症の特性が見られず、母親はどう対応すればよいかわからず、本人を連れて相談にみえたのです。

私は、自閉症というよりも神経過敏なＡＤＨＤの可能性を示唆しました。そして、クリットン医師の見出した普通にある刺激に敏感になり、それによって注意散漫になるという事例を話しました。

数日後、母親から電話があって、子どもの見方を変えることで、母子ともに安定したというのです。

「自閉症の可能性」から「神経過敏なADHD」と見直すことで、薬物療法も含め、適切な対応ができるようになったといっていました。

子どもの状態把握が変わって、母子ともに安定した状態になったことに、その母親は驚いていました。

このように、子どもの状態をきちんと把握することは非常に大切です。発達障害という言葉に統合していては、繊細な子どもの支援の道が見えてこない場合があります。

7 ADHDの薬物療法

ADHD状態には、薬物療法の効果が認められています。薬物療法について、アメリカ、ジョージタウン大学のラリー・シルバー教授が、子どもの対応に悩む父母たちに、細かな

対応をしています。

ある母親の質問を要約しました。

「三歳の息子がＡＤＨＤだと診断された。彼は、非常に活動的で、かなりスマートである。すぐに物事に飽いて、一つの作業を長く続けられない。幼稚園の先生は、彼が二〜三分以上、椅子に座っていられないという。昨日、リタリンを飲ませたが、状態はひどかった。チックが顔に出て、寝る前に嘔吐した。彼はわずか三〇分、サイコロジストと過ごしただけで、ＡＤＨＤと診断され、リタリンを処方された。これは適切か？　母として、薬を使いたくない。他に方法はないか？　息子は他の子どもたちととてもうまくやれているし、記憶力は抜群である。彼はギフテッドで多動であるといえるのか？　彼がＡＤＤとは思えない。なぜならば、何時間も母親の自分に本を読ませ、内容を質問したら全て覚えている。」

次は、この質問に対するシルバー教授の応答です。

「三歳の子にＡＤＨＤを診断することは容易なことではありません。多動と注意散漫と衝動性が、一年以上、家庭でも学校でも見られるかどうか、証拠を捉えて診断することが必要です。もし診断が正しければ、薬物療法は適切です。しかし、三歳の子に薬物は、非

常に繊細なものです。種類と一回の量は、注意深く検討されねばなりません」

シルバー教授は、三歳児にＡＤＨＤの薬を使うときは、〝慎重に〟というメッセージを与えています。

8 ＡＤＨＤの行動療法

薬以外にＡＤＨＤへの対応として、行動療法があります。

親子相互作用セラピーは、行為に問題がある子どもを支援する行動療法によるプロジェクトです。対象は、四歳から六歳の子どもたちとその両親で、親子関係の質の改善と、親子の相互作用により、子どもの行動パターンを変えることを目指します。

これは、一二週間から一八週間のプログラムです。

フロリダ大学の公衆衛生、臨床、健康心理学の教授、シーラ・アイバーグ博士は「幼児期に医療的援助を得た子どもたちが、成長後も、薬物療法を続けなければならないことは

ない」と、行動療法が有効であることを強調しています。

アイバーグ教授によって開発された「親子相互作用セラピー」は、ＡＤＨＤの行為を改善するためのモデルです。

子どもと両親がお互いにコントロールできる関係を築いていこうとします。子どもの社会に適応する行動を増やし、ネガティブな行為を減らし、親子の安定した関係を確立するためのスキルが教えられます。

一週間に一度、二～三時間、親子はプレイルームで遊び、セラピストは、遊ぶ様子をマジック・ミラーを通して観察します。

行動が始まる前に、親は子にどのようにかかわるかが教えられます。さまざまな場面での親の対応の仕方は、事前に、マニュアルが配られます。

セラピーが終わると、子どもの行為が、改善されたかどうかが評価され、次のセッションまでに、さらに改善すべき行為について、訓練課題が出されます。

このリサーチ・プロジェクトには、国立の精神衛生の機関から、五年間で、二九〇万ドルが補助されます。ケースの治療期間は三年で、受ける側は無料です。

アメリカでは、ＬＤやＡＤＨＤについての調査研究が、一九六〇年代からずっと、今で

も続いています。

この「親子相互作用セラピー」モデルも研究されて、全米の多くの機関で利用されています。

そのように、ＡＤＨＤには、薬物療法と行動療法が効果的であることは知られていますが、さらにもう一つ重要なものがあると、主張する研究者がいます。

それは人間的なかかわりです。

9 愛情あるかかわり

それは、カリフォルニア大学ロサンゼルス校のメディカル・センターの研究者、ステファン・リー博士の研究です。

博士は、ＡＤＨＤの子どもたちを幼年時代から見ていて分かったことがあるといいます。

そして、「平均的なＡＤＨＤの徴候は、思春期になると消えていく傾向にはある。けれど、

その他の問題が表面化してくる可能性がある」と述べています。

例えば、人間関係です。これは薬物療法だけでは対応できず、早めの教育的なサービスや人間的なかかわり、周囲の人々からの愛情が必要であると述べています。

人間としての全体を受容し、愛情のあるかかわりが根底でなければ、どのような手立ても効果がなく、改善しにくいことが強調されています。

母親や祖母の愛情と、ＡＤＤ状態のことについて、スーザン・レイラという友人が語ってくれました。

初めて会ったとき、スーザン・レイラは四五歳で、ドキュメンタリー・フィルムの制作を手掛けていました。フィルムは、すぐには売れなくて、レコード会社の秘書をしたり、カメラマンの助手をしたりと、さまざまな仕事をしていました。

スーザンとは、ロサンゼルスの平和運動の会で、出会ったのです。ある日、スーザンがふと、「自分はディスレクシアで、ＡＤＤなんだ」と、漏らしました。

表面的には、子どもの教育に関する映画制作をしている彼女が、ディスレクシアで、ＡＤＤがあるようには、見えません。

しかしいわれてみれば、文字を書くときに、定規を当てているのを思い出しました。字

が曲がらないように、文字をとばさないように、といった理由があったのかもしれません。緊張すると頭の中が真っ白になり、話そうとしたことが、出てこなくなるとも言っていました。

三九歳のとき、サンタモニカ・カレッジでテストを受け、ADDを伴うディスレクシア（言語性LD）、という判定を受けたそうです。

言語記憶のリコール（呼び戻し）の数値が低いという結果でした。

ADDについては、それ以来、リタリンという薬を服用していて、集中力を保てていると、言っていました。

私が、スーザンのADD状態について、さらに知りたいというと、それを語るには、父親のことに触れねばならないと言って、冷酷だった父親のことを話してくれました。

父親は建築家で、二一歳という若さで結婚し、スーザンと兄、妹が生まれたのですが、まだ若くて、経済的に思うようにいかず、アルコール依存症になってしまいます。

彼は家族を愛することができず、子どもたちに冷たくあたったといいます。ハローと言っても答えてくれず、子どもたちを叩いたり、怒鳴ったりし、言葉の暴力もあり、彼女は、いつもおろおろして、落ち着かず、どのように行動したらよいか、分からなかったそ

うです。

自分にＡＤＤやディスレクシアの遺伝子があったとしても、父親の行為がそれを悪化させたのだと、言っていました。

母親は、父親に代わって懸命に働き、普通の生活ができるように努力していました。祖母（母の母）が、優しく見守ってくれたことで、スーザンは安定し、祖母と一緒のとき、ＡＤＤ状態はまったくなかったといいます。

このことは、ステファン・リー博士が示唆する、愛情のあるかかわりがＡＤＨＤ状態を軽減する、ということの実例として語れます。

10 マイケル・フェルプスのこと

ネットで、「フェルプスが発達障害とは、知らなかった」と、誰かが書いているのを目にしました。

マイケル・フェルプスは、アメリカの競泳選手で、バタフライ、自由形、個人メドレーで、数十個のメダルを獲得した、水の怪物といわれている人です。フェルプスには、ＡＤＨＤ状態がありましたが、障害と呼ぶのと、ＡＤＨＤと呼ぶのとでは、何かが違います。

彼にとって、それを障害と呼ぶ必要はなかったと思われます。

幼稚園のころの教師は、マイケルを、じっと座っていない、集中できない子ども、という評価をしていたそうです。

彼が七歳のとき、両親は離婚しますが、母親は、シングルマザーとして、三人の子どもたちを育てます。

彼はエネルギッシュな子で、九歳のとき、ＡＤＨＤの診断を受け、リタリンという薬を服用します。そのころ、水泳を始めて、その才能が開花していきます。

父のいない寂しさと、エネルギーのはけ口として、プールは彼の居場所だったといいます。

母親は、彼の可能性を信じて、学校とプールの送り迎え、日程や時間の管理など、日々の生活に、誠心誠意、世界的な水泳選手となっていく彼を、支え続けました。

ちなみに、フェルプスの姉も、けがさえなければ、オリンピックの候補選手にまで、なっていただろうといわれています。

母親の愛情は、フェルプスのＡＤＨＤ状態を凌駕します。

ステファン・リー博士のいう愛情あるかかわりは、ＡＤＨＤ状態を軽減するということが、この親子にも起きていました。

ロンドン五輪終了時点で、メダル獲得数が、歴代一位となったフェルプスのエネルギー源は、ＡＤＨＤの力と母の愛であったのだと思います。

二〇〇三年七月のタイム・マガジンが掲載した、ディスレクシアの特集記事で、「ディスレクシア状態は、彼らの支障にならなかったばかりか、独創性をかき立てる燃料であった」と書かれていることは、そのまま、ＡＤＨＤ状態に使えます。

ＡＤＨＤ、それは支障ではなく、フェルプスの水泳力の燃料であったのです。

V

LD (*Learning Disability*)

1 ヨーロッパの医者が発見した学業上の不調

全般的に平均、あるいは、平均以上の知的能力をもちながら、基礎的な一部の学習につまずく子どもたちに、関心を向けた最初の人々は、一九世紀のヨーロッパの医者たちでした。

学業の「できなさ」は、主にリーディングに現れていました。そういった子どもたちに、医学的な検査をしても、これと分かる原因を見出すことはできませんでした。

しかし、子どもたちが、微妙でわかりにくい機能不調と思われるサインを示すことはよくありました。結果として、「知覚障害」というような診断名が、初期のころは一般的でした。

学業に困難を示す状態について、ヨーロッパの医者たちは、

(1) 中枢神経系の機能不調への対応

（2）原因の追及なしに、「できなさ」を改善するという、二つの方向付けをするようになりました。（1）は医療的対応で、（2）は教育的対応です。

そして、学業上の特殊な不調を描写するために、医者たちは、医学上の用語として、ディスレクシア（言語能力の不調）、ディスカルキュリア（計算能力の不調）、ディスグラフィア（書き文字の不調）、ディスプラキシア（手先の細かい技能の不調、協調運動の不調）といった用語を命名します。

教育的対応をするために、それぞれの状態を把握して、それぞれに命名していることは、一人一人の子どもを大切に思い、適切に対応しようとする意志の表れで、それが、教育者ではなく医者であったのです。

基礎学習の「できなさ」を示すこのような子どもたちに、医者たちは、早くから治療的献身を尽くしたのですが、教育者たちが、関心の目を向けるようになったのは、二〇世紀も半ばになってから、という出遅れたものでした。

2 アメリカで生まれた用語

アメリカでは、一九六〇年代まで、クラスで問題を示す子どもたちを、スロー・ラーナー（学びがゆっくり）、クラムジー（おっちょこちょい）、フーリッシュ（ばか）、ハイパー（暴れん坊）、ＭＢＤ（微細脳損傷がある）等といった呼び名で呼んでいました。

そういった呼び名は五〇以上もあったと、フロスティグ・スクールの創設者、マリアン・フロスティグ博士は、論文の中で触れています。

ＩＱは平均以上の数値を示すのに、そういった呼び名はスティグマ（汚名）であると、父母たちは、心を痛めていました。

そのような背景があって、一九六三年に、ニューヨーク市で開かれた父母会で、ミシガン大学のサミュエル・カーク教授が、五〇以上もの呼び名をまとめて、Learning Disabilitiesという言葉にしてはどうかと、提案したのです。

それはすぐに可決されて、この用語が誕生しました。これは、日本語では「学習障害」

と訳されました。

Disabilitiesと複数になっているのは、その状態がひとつではないからです。カーク博士がその用語を提案したとき、言語のできなさ（話し、読み、書きなど）、算数のできなさ（計算、推理など）、細かい動きのできなさ（手先の技能など）、行動のさまざまな不調（多動、不注意、衝動など）、ＭＢＤ（微細脳損傷、脳に傷はないのに、そう呼ばれる子もいた）といった、学業と行動面での多様な不調が含まれていたのです。

今では、Learning Disabilitiesの頭文字を取って、ＬＤと略して呼ぶことが普通になっています。

一九七五年になって、時のフォード大統領のゴー・サインで、ＬＤはSpecial Education（特別教育）の一分野となりました。

アメリカでは、ギフテッド（優秀児）も特別教育の一分野を占めることでもわかりますが、特別教育イコール障害児教育ではありません。ギフテッドの「特別」は優秀を意味し、ＬＤの特別は、「教え方を一斉にせず、特別な指導法で」という意味であると捉えていいと思います。

3 LDは器質的・永続的（発達上の障害ではない）

アメリカでは、LDとされる人々の八〇%が、言語性LDという実態があります。英語の綴りと発音の難しさは、言語性LDの原因になります。

一方、一語一音の日本語では、平仮名を読めないという状況が、他の「できなさ」を圧倒するほど問題になることはなく、もしも、平仮名が読めないならば、それはLDではなく、他の原因によるものです。

言語の違いによって、言語性LDの様相には、違いがあることが分かります。

アメリカのNICHD（子どもの健康に関与する国立機関）の調査や、コロラド、ボーマン・グレイなどの調査機関は、音韻に関する「読みのできなさ」が神経生物学的、遺伝的な要素に、関連していることを示しています。

「読みのできなさ」は、発達的な遅れではなく、器質的にもっている永続的なものです。器質的なものは永続しても、読みに関して、早期の適切な対応によって改善できることを

支持する研究者や研究機関は、多数存在します。

読みも含めて、七つのタイプ（聞く、話す、読む、書く、読解、計算、数学的思考）のうち、一つか二つの「学習のできなさ」をもつことが実証されない場合、言語性ＬＤとは判定できません。

4 ＬＤは総括的用語

サミュエル・カーク博士が、Learning Disabilitiesという用語を提案したとき、言語の面だけでなく、行動的な面も、教室で問題になる子どもは全て、ＬＤ用語に括られました。その後、言語性ＬＤと非言語性ＬＤ、ＡＤＨＤを分けて研究するようになりましたが、今でも言語性、非言語性を包括して、ＬＤと呼んでいます。

ＬＤ用語には包含するものが多すぎて、一つの定義では収めることができないという教育心理学者、スタノヴィッチ博士は、ＬＤという総括的用語は、破棄されるべきだと主張

しています。

言語性だけでも、「聞く、話す、読む、書く、読解、計算、数学的思考」の七分野があります。これらをひっくるめて、ＬＤという用語で、的確に、効果的に、定義できるだろうか、と提言しているのです。

このように、言語性ＬＤだけでも、一つの定義で、七つの状態への対応は無理であると、指摘しています。

まして、状態の違う自閉症・ＬＤ・ＡＤＨＤを統括した「発達障害」という用語で、各々に対応できる一貫した定義の制定は無理でしょう。

5 ディスレクシア（言語性ＬＤ）

言語を基礎とする「できなさ」を表す、Dyslexiaという単語はギリシャ語のDys（不十分な、乏しい、不適切な）とLexis（単語、言語）に由来しています。つまり、「不十分な、あ

るいは、不適切な言語」という意味になります。

視覚や聴覚のプロセス（見たり聞いたりしたことを理解するまでの過程）や言語プロセス（聞いたり、話したり、読んだり、書いたりする経過）が、スムーズでないことが、言語性LDの主な特徴です。

聞き、話し、読み、考えたことを言葉で伝えることや、文章化することに問題が生じます。

ディスレクシアは、発達途上で起きるもの（発達障害）ではなく、生まれながらにあるものです。生きている間中続く状態ですが、その状態の改善は可能です。個々の学び方に沿って学習すれば、状態は改善できるのです。

生まれながらの、脳の構造と機能の違いが原因です。平均以上の学ぶ能力と、一つか二つの教科の成績の間に予期せぬギャップが存在します。その問題は、心理的なものでも、社会的なものでも、動機的なものでも、知的発達の遅れによるものでもありません。器質的なものです。

それは病気ではなく、薬で治すことができるというものではありません。つまり、その様相を持って生まれた人、その人そのものです。発達障害といったものではありません。

ディスレクシアの人々は、ユニークで、能力的に強い面と、弱い面をもちます。他の人々とは異なる方法で学び、美術、運動、建築、グラフィック、電気、機械、ドラマ、音楽等に、優れた力を発揮することも知られています。

豊かな精神性をもつ人々も多く存在すると、アメリカの「タイム・マガジン」誌（二〇〇三年）は、伝えています。

6 ディスレクシアの徴候

自分の子どもやクラスの児童生徒が、言語性ＬＤではないかと思うとき、次に書いたようなことを観察して、頻度や状態を記録しておくことは大切です。

（1）音の連続や単語の音節を聞き取ることが不十分
（2）単語の読み取りが困難

（3）単語の聞き取りが困難
（4）数の連続性や文字の形、単語の文字のつながりを把握する力が弱い（ｂとｄ、singとsign、leftとfelt、soiledとsolid、Scaredとsacred、18と81、25と52、68と86……など）
（5）考えたことを文章にすることが困難
（6）話し言葉がすぐに出ない
（7）聞いたことの説明が不完全
（8）考えたことの口述表現が困難
（9）読解力の問題がある
（10）文字を書く困難（ディスグラフィア）

などです。（4）の単語の例は英語圏でのことですが、それ以外の徴候は、日本語圏でも観察することができます。徴候の全てではなく、一つか二つ、あるいは数個の特徴を示すとき、言語性ＬＤと捉えることができると思います。

全てに徴候を示したら、それはＬＤではありません。

7 Disability（能力を欠く）ではなくDifference（学び方の違い）

言語性ＬＤの人が読んだり、綴ったり、話したりするときに示す「できなさ」の程度は、人によってさまざまです。

彼らは非常に聡明で、言語以外の分野で、強い面をもっています。

この状態をＬＤ（Learning Disability）と呼ぶことで、その人たちは、学ぶことができないと思われる傾向ができてしまいました。しかし、状態を考慮した教え方で（教え方の違い）によって、より良く学ぶことができるのです。

Disability（能力を欠く）という言葉よりも、Difference（違い）という言葉を使う方が適していると、フロスティグ・スクールの教師たちが、私がそこを見学したときに、語っていたことを思い出します。

つまり、学び方の違いということです。この違いは、子どもが読み書きをする年齢になるまでは潜伏しています。就学に達したとき、その違いを早期に見出すことが、肝心です。

言語性ＬＤの「学び方の違い」は、考えたり、話したりできず、能力がないということを意味してはいません。彼らは、作家にも、医者にも、弁護士にも、詩人にも、技術者にも、芸術家にも、そして、教師にもなれます。しかも、優秀な力を発揮できるのです。自分に合った学び方を見出して学習し、自分の中にある、強い面を生かす生き方が大切です。

8　ディスレクシアの人々

過去において、人生に成功した多くの人が言語性ＬＤ状態であったし、現在でも、多くの言語性ＬＤの人々が、成功した生活を送っているのは事実です。

二〇〇三年七月二八日付の「タイム・マガジン」の表紙を、言語性ＬＤの子どもが飾り、その特集記事が掲載されて、人生に成功した人々が、次のように紹介されていました。

「トーマス・エジソンは、四歳まで、しゃべることができなかったが、試練の末、発明

王となった。

トップ・ガンで一躍有名になった俳優、トム・クルーズは、この映画に出たときでさえ、読み能力に欠ける状態で、今でも、脚本の読みには苦労している。彼はハリウッドに、言語性ＬＤの人々が学ぶ学習センターを開いている。

推理作家のアガサ・クリスティは、単語の読みにもがいたが、ほぼ、一〇〇冊の本を執筆し、二〇億ドルを売り上げ、事件簿の女王となった。

ウォルト・ディズニーにも読み困難があったけれど、テクニ・カラーの構想を実現させた。

俳優のウーピー・ゴールドバーグは、読み困難で高校を落第したが、アカデミー賞を取る才能があった」と。

そして、タイム・マガジンは、「言語性ＬＤ（ディスレクシア）状態は、彼らが、偉大なことを成し遂げるための、支障にならなかったばかりか、それは、彼らの独創性をかきたてる、燃料であったかもしれないのである」と、言語性ＬＤ状態は、まさに成功の因であった、というコメントをしています。

言語性ＬＤの人々の例をあげれば、きりがありません。

アメリカの第二八代大統領であった、ウッドロウ・ウィルソンは、八歳までアルファベットを学ぶことができず、一一歳まで読むことができなかったそうです。しかし、第一次世界大戦後、国際連盟の設立を提案し、そのアイデアは、国際連合へと受け継がれています。湧き上がる独創力は、言語スキルの弱点を凌駕したのです。

南北戦争の将軍、パットンの伝記を作成していた編集者が、将軍の書き残した文章を見て、彼が言語性ＬＤであったことを発見したのです。パットン将軍の文章は、パンクチュエイション（句読点など）、キャピタルレター（頭文字）などの表現が小学校低学年の作文のようであったと伝えられています。軍隊の集会では、部下から渡された原稿を上下逆に持っていて、文など見ずに、自分の言葉で演説していたそうです。そのような言語スキルの弱点があったにもかかわらず、強力なコミュニケーション能力を発揮し、戦いに勝つ、優秀な将軍だったのです。

野球のベーブ・ルースの学校時代は、言語性ＬＤ状態で、学習についていくのがやっとのことでしたが、いったんグラウンドに出ると、まるで水を得た魚のように、生き生きとボールを手玉に取っていたそうです。

アカデミー女優のシェールは、単語の綴りにミスが多く、七桁の電話番号を覚えること

ができなったけれど、歌手として、俳優として、一流の人でした。

彼らを「発達障害」と呼ぶ必要があったでしょうか。

これらの人々の基礎教育の時代には、特別な教育システムはなかったのですが、もがきながらも、自己の強い面を見出して、成功へと人生を進めました。

弱い面に執着せず、強い面を伸ばすことが、言語性ＬＤ教育のポイントの一つなのです。

9 ディスレクシアの発音指導

それでは、弱い面には、いかなる対応も、しないのでしょうか？

いや、二〇世紀半ば以降、ＬＤ状態に教育者の関心が向けられて以来、改善のため、さまざまな方法で、指導が行われています。

数年前、アメリカの言語性ＬＤに、どのような指導がなされているのかを学ぶため、ディスレクシア協会の、ロサンゼルス支部を訪問しました。

毎週月曜日から木曜日まで、午後七時から九時までの二時間、協会主催での指導が行われるということでした。

指導者は、元教師のソリス先生で、言語性ＬＤの研究者、オートン博士とギリンガム博士の考案した、マルティ・センソリー・アプローチ（複数の器官を使う指導）による教材が使われていました。

この日の、この教材に使われる複数の器官は、視覚（目）、聴覚（耳）、触覚（皮膚）です。これらを同時に使って学習するという展開でした。

その日の受講者は六人で、ロサンゼルス郡の広い地域から集まっていました。授業は、「ラビット単語」と呼ばれる単語の発音の練習でした。

指導の手順は、単語 rabbit の abbi の上部に、vc/cv（母音／子音）と記します。つまり、abbi の a が母音、b が子音で、次の b は子音で i は母音という意図です。

次に、はじめの b と次の b の間に縦線を引き、はじめの b 音は発音しますが、次の b 音は発音しないので、線で消します。さらに、a と i にアクセント記号をつけます。

以上の作業をしながら、「ラビット」という発音の読みを学んでいきます。

他にも、fissil（化石）、fennel（ウイキョウの実）、goddess（女神）、mammal（哺乳動物）、

pallet（へら）、」といった「ラビット単語」を、同じ作業をしながら、発音の練習をしていました。

受講者は、聞いて（聴覚）、見て（視覚）、唇の動きや開く大きさや、舌の動きを確かめて（触覚）、複数の感覚器官を使う、マルティ・センソリー・アプローチによる指導に、懸命にのっていました。

次は、映像に出てくる、モデル教師の発音を聞いて、スペルを書き続けるという活動です。例えば、**trʌm** に **pet** を付けて、**vc/cv** の文字、**trumpet**（らっぱ）を綴っていくのです。

他には、**velvet**（ビロード）、**talcum**（パウダー）、**magnet**（磁石）、**optic**（視力の）、**campus**（構内）、**mascot**（マスコット）、**contact**（接触）などなどがありました。

モデル教師が作る、母音と子音の発音を聞いて、その音から、ラビット単語を綴っていくという練習が、続けられました。

このような基礎単語の発音スキルが、初等教育の一斉授業では、身につかず、大人になっても苦労しているのです。そういった受講者の状況を知ると、英語圏の、言語性ＬＤの教育が進展していることに、心の底から納得できました。

日本語圏にあって、平均的な知的水準で、普通に社会で働く人が、言葉の発音に困難を

もっということは、英語圏のようにはないでしょう。漢字は別として、平仮名は一語一音ですから、五十音で学んだ音と、単語に使われている音は同じです。「は」を「わ」と読み、「へ」を「え」と読む例外的発音も、一度習って、小学校時代に身につかないならば、それはＬＤではなく、他の原因によるものだといえます。

10 自己概念で変化するＬＤ状態

日本のある売れっ子芸人がテレビで紹介されていました。彼は運動神経が優れていて、高校時代の野球部での活動が伝えられていました。それを見ていて、彼は何らかのタイプのＬＤなのではないかと思いました。

野球のルールを全然覚えていなかったけれど、ピッチャー、四番バッターとして、チームに貢献しています。この、ルールを覚えることができないという点に、ＬＤ的要素を感じたのです。

弱い面があるＬＤ状態でも、彼の場合、強い面が非常に強く、ルールを覚えることができない状況を凌駕していました。チームメイトは、彼がルールを知らないことに呆れていました。

学業でも「覚えられなさ」が出るのだと思われます。暗記が必要な学校のテストで、悪い点を取ります。そんなとき、落ち込む彼を母親は叱ったりせず、励まし続けます。母親は、どんな点を取ってきても彼を激励します。この母の大きな愛情が、息子のＬＤ要素を凌駕していたのだと思います。

母によって、高い自己概念が育まれ、潜在能力が熟成され、現在テレビに映る優れた彼の姿があるのだと感じます。

しかし、ルールを覚えることができないという彼は、テレビ番組で、難しい花の名前五○個を全部間違いなく言えていました。

興味関心のあることには、尋常でない能力を発揮するのです。

ＡＤＨＤもＬＤも、かかわる人の愛情が、器質的なものを超えていきます。ＬＤは、環境によって変わる状態、改善できる状態だからこそ、絶対的な言葉、「障害」と呼ぶことは間違っています。

11 ディスグラフィア（書き文字のＬＤ）

ＬＤ問題を早くから見出していたヨーロッパの医者たちが付けた言語性ＬＤの用語として、ディスレクシアの他に「ディスグラフィア」や「ディスカルキュリア」があります。前者は、文字を書くことの困難、後者は、計算の困難を意味します。

書き文字ＬＤの人が書いた文字には、

読みにくい
不規則、不調和
書き方がゆっくり
非常に小さい文字
鏡映文字
大文字と小文字が混ざる（英語圏）
パンクチュエイション（句読点など）のまちがい

といった特徴があります。

小学一年生で、鏡文字を書く子がいます。鏡に映したように左右が逆になった文字です。成長に伴い、二年生になると、鏡文字を書く子は減っていき、三年生になると、ほとんどいなくなります。

知的水準が平均か、それ以上であるのに、高学年や、大人になっても鏡文字を書き続け、他の原因がない場合、その人は、ディスグラフィアということができるでしょう。

しかし、ディスグラフィアの人の鏡文字は、見てすぐに分かりますが、他の特徴（読みにくい、不規則など）は、神経学的なものなのか、性格的なものなのか、判断は、容易ではありません。他のLD的徴候も見ていく必要があります。

12 算数のLD（ディスカルキュリア）

算数のLDとは、全体的な知的機能に問題はないのですが、計算や数学的な思考が容易

ではない状態です。このことに関しては、ＤＳＭや、Public Law94-142（アメリカの教育に関する法律）が、定義しています。

これらの定義に共通した状態として、「算数ＬＤ」とは、以下の三つの要素で表現できます。

（1）算数操作が困難である

（2）困難さには、さまざまな程度がある（全般的な学業は平均的）

（3）脳の機能不全が原因としてある

また、算数ＬＤについて、三つのタイプに関する研究も、行われています。それらは、「単純な足し算を学ぶ困難」「手続きと戦略を学ぶ困難」「視覚――空間的把握の困難」といった研究です。これらについて、研究者のリサーチは、今も続いています。

フロスティグ・スクール（フロスティグ博士が創設した、ＬＤ児童が学ぶ学校）の子どもたちのことを通して、実例を見ていきます。

ロサンゼルスのパサディナにある、その学校を見学したとき、算数のＬＤ状態がある、

子どもたちの指導に苦戦する、シャピロ先生の授業参観をすることができました。

13 筆算の手順につまずく子

トーマス君は、読解も作文もスピーチも、ギフテッド（優秀児教育）のレベルでしたが、筆算にてこずっていました。

どのようにうまくいかないのかを、じっと観察すると、「できなさ」は、次のようでした。

例えば、72÷4の筆算をするとき、まず、7÷4を考えて、7の上に1を立て、（4×1＝4）の4を7の下に書きます。次に引き算をして（7－4＝3）ですから、3、そして2をおろして、32を書きます。32÷4で8を2の上に書き、答えは、18となります。

トーマス君は、こういった筆算の作業に手間取ります。やっていて、何かが、混乱してくるらしいのです。それが、脳の機能不全ということでしょう。

シャピロ先生は、トーマス君に渡したプリントの上部に、「ＤＭＳＢ」とメモしてあげていました。つまり、はじめにＤ（割り算）、次にＭ（かけ算）、そして三番目にＳ（引き算）、最後にＢ（Bring Down：おろす）というように、割り算の手順を、書いてあげていたのです。

トーマス君は、かけ算九九も、まだ暗記できていなかったようで、1を立てるところに、2を立てていました。これを見たシャピロ先生は、○を七個描いて、何回、四個を取り出せるかを、トーマス君に考えさせました。

○○○○ ○○○

先生は、四つを枠で囲って、「残りが三つしかないので、四個は一回しか取れないでしょ」と説明しました。トーマス君は、やっと分かって、1を立てたのです。ところが、（7－4＝3）の3を、Bring Down（おろすこと）をしないで、2の上に書いてしまったのです。そこでまた、手順の指導が始まるという具合でした。なぜ、Ｂ（おろす）の明記が必要であったのか、そのとき、やっと分かりました。

トーマス君は、こういった、計算の操作が困難なタイプのＬＤでした。器質的な根拠は、見出せていませんが、リーディングやスピーチや、読解力が優れているのに、割り算の筆算だけが、このように困難な場合、能力の個人内差（ディスクレパンシー）をもって、ＬＤと判定されたケースです。

14 時計の読みに苦労する子

シャピロ先生は、同じ時間中に、クリストファー君の時刻読みの指導にも、苦戦していました。

クリス君とシャピロ先生の間には、大きな時計が置いてあって、先生の動かした時計の針が、何時何分なのかを読み取ることに、クリス君は必死でした。

クリス君の他の分野は、ギフテッドではありませんが、普通レベルの成績だと、シャピロ先生はいいます。しかし、クリス君は、泣きそうになりながら、時刻読みの練習をする

のでした。

私は、小学一年生のとき、五線紙上の音符を見て、じっくり考えないと、読めませんでした（例えば、一番下の線上の音はミだと、すぐには、分からないこと）。それと同じように、クリス君は、ある場所に位置するものの、意味を把握することに、弱さがあったのです。

私は、二年生になると、五線紙の階名をすぐに読めるようになっていました。

クリス君も、泣きながらの努力によって、時刻を迷わず読めるようになるだろうと、思いながら、彼の苦戦を心の中で応援していました。

このような子どもたちの、学習上の問題は、現段階では、脳や神経を直接いじったり、薬を飲んだりして、解決することはできません。しかし、シャピロ先生が取り組んでいるような、忍耐強い指導を通して、改善することが可能なのです。

クリス君の場合は、「視覚——空間把握」が困難なタイプの、算数ＬＤということになります。

15 算数ＬＤのさまざまなこと

算数ＬＤを克服することは可能ですが、数の連続性や数学的推理を学ぶことは、非常に困難です。算数の学習が、非常に困難な場合、懇切な指導の手が必要となります。

ちなみに、算数ＬＤが生まれることを避けるため、妊娠中のアルコール飲酒は止めることです。それは、算数ＬＤの原因の一つと考えられています。

さらに、就学後、算数ＬＤということが判明したときは、早いうちに、特別な指導、支援が必要です。早期の手立てが可能ならば、普通のレベルに算数の学力をつけることができ、高学年になって、学習困難を避けることができます。

算数ＬＤの人は、今では、計算機を用いることができ、その「できなさ」に、困惑せずに日々の生活を送ることが可能です。

「できなさ」に執着しないことも大切です。算数ＬＤの徴候に気付いたら、そこから注意を外す（執着しない）ことです。

算数ＬＤの徴候として、

数のセンスがない

計算を間違える

算数に関する知識を忘れる

手続きに従うことが困難

計画の実行困難

算数不安、算数嫌悪、算数回避

数えることや、問題を解くスキルに弱さがある

数を読むことや、連続の数を発することが困難

時間的な順序把握、スケジュール把握、時間の長短把握が困難

距離感の貧しさ、方向音痴

ルーティン変化の混乱

値段の見積り、休暇までの日数把握困難

遊びの計画立案困難

ゲームのスコア把握困難

といったことが考えられます。

こういった徴候に気付いたら、算数ができないことに執着せず、他の教科をしっかり教え、学ぶことが大切です。

算数ＬＤへの対応として、最初のステップは、生徒の強い面と弱い面を立証することです。そして、効果的な算数指導を確立するため、両親、教師、教育スタッフが、共働することが必要です。児童生徒をサポートするとき、彼らの強弱を理解させることができます。面積や体積の問題は苦手だけれど、計算は強いといった自分の状態を知ることは大切です。強い面を知り、算数ＬＤの子らに自信を抱かせることが、学びの大きな第一歩となります。

以上、総体的な精神機能に問題はないけれど、算数に関する遂行が困難な状態、「算数ＬＤ」について、どのように対応すればよいか、述べてきました。

これは、脳の機能不全であると仮定されていますが、脳の機能は器質的なものによるばかりではなくて、環境要因も相互に作用しますので、適切な周囲のかかわりは、非常に大切です。

16 算数ＬＤの研究

ここに、算数ＬＤに関する研究があります。

ＬＤオンラインの二〇一一年一月四日の配信です。それは、カナダのオンタリオ大学の神経科学者、ダニエル・アンサリ博士の研究です。

アンサリ博士は、計算が困難な子どもたちの神経学的な不調についての研究者として世界的なリーダーといわれています。博士は、算数のＬＤについては、教育の専門家や親たちが多くを知らない現状を指摘しています。

博士は、子どもたちに算数のテストをさせながら、彼らの神経の動きを脳スキャンで見ていきます。

検査される子どもたちが横たわると、「七と一はどちらが大きい？　九と八ではどうか？」といった質問をして、子どもたちが考える間に、脳がどのように動いているか、神経学的な状態を調べるのです。

博士は、基礎的な算数問題で葛藤する子どもたちの脳と、算数に問題がない子どもたちの脳の間には、微妙な違いがあることを見出しています。

そして、算数ＬＤのある子どもたちを支援する方法を構築しようとしています。博士は、幼稚園児や小学生が、基礎的な計算スキルを強くする指導技術に関して、今までとは違うアプローチを教師たちと共同研究することを希望し、加減乗除の学習が困難な子どもたちが、(1) いかにして学び、(2) 何が状況を悪くさせ、(3) 教師や両親は手助けができるか、などの解明を目指しています。

西洋文化では、計算することより読み書きをすることに重点が置かれ、算数の成績が良いことは、総合的な知性の反映として捉えられていました。

それで、算数ができないことは、知的能力が低いと考えられ、算数を支配する特別な脳の回路があることは、知られていませんでした。

一九九〇年代に、その考えは変わっていきました。それは、フランスの数学者や神経科学者たちが、脳の組織に基礎的な数や計算処理を支配する領域があることを発見したことによります。その結果、算数の「できなさ」に関する捉え方が変化していきます。

その「できなさ」は、総合的な知的能力の低さによるのではなく、脳の算数処理に関す

る領域の機能不全であると、理解されるようになってきたのです。

数学は、幾何学や微分積分などの高度な操作を必要とする領域を含みます。算数ＬＤの人々は、高度な操作はできるのですが、計算分野に問題をもちます。それで高度な操作をするプロセスで、計算があると間違ってしまいます。

さらに文章題など、計算が必要な分野で問題が起きてきます。

それは、些細なことではなく、子どもたちを傷つけます。それで算数ＬＤ状態は、仲間におろかだと思われがちだと、ロンドン大学でこの研究をしているブライアン・バターウオイス教授は述べて、支援体制の必要を指摘しています。

アンサリ博士は標準化された計算テストで、低い得点の子どもたちが、二つの数のどちらが大きいかを言えないのはなぜか、といった特別な脳の回路を探すリサーチをします。そして、脳に故障があるのではなく、機能が弱いからであることを見出していきます。

このように研究者たちは、算数ＬＤの子どもたちに洗練されたアプローチを考え、より良い状態にするためのリサーチを、今なお続けています。

17 ディスレクシア（言語性ＬＤ）のことを本にした母親

ここに、「A Primer on Dyslexia（ディスレクシアの初歩読本）」という小冊子があります。刊行されたのは、一九七七年です。この著者は、サンディ・エッツラインという主婦でした。自分の息子が、ディスレクシア（ＬＤ）という、厳しい現実がありました。

はじめは、自分が書いたものを出版することなど、まったく考えていませんでした。しかし、周りの要望もあって、自然に本にするという方向に発展したのだそうです。

当時は、アメリカでもまだ、ディスレクシアについての文献は少なく、ましてや、子ども向けの本などなかった時代です。あったとしても、それは極めて曖昧な内容でした。

ある日、ディスレクシアの子どもをもつ母親たちが集まって、関連文献のリストを作っていました。そのとき、一人の母親が、ディスレクシアのことを子どもたちに読んで聞かせるのに、適した本はないものかと言ったのです。そこで、文献の中に子どものための本を探したのですが、見つかりません。

子どもと、ディスレクシア状態について話し合うことが、必要だと思っていた親たちは、考えます。

ディスレクシアであることを伏せて、親が子どもを世間から守ることも可能です。しかし、そうすれば、子どもたちの将来に、さらに多くの試練が待ち受けていると、母親たちは考えます。

多くのディスレクシアの子どもたちは、「自分は頭が悪い」と思わされるような言葉や、態度を浴びせられて育っていました。

周囲の人々の、そういった視線を知りながら、ディスレクシアのことを話しあうことは、子どもたちを不愉快にさせるかもしれません。しかし、現実から逃げても何も解決しないと、親たちは感じていました。

子どもに、ディスレクシアとは何かを理解させたいという、親たちの強い要望を受けて、ミセス・エッツラインは、子どもたちが理解できるような物語を書いたのです。

それが、「A Primer on Dyslexia」と題されて、小冊子になったのでした。

この冊子のことを教えてくれたのは、先にも紹介した、ドキュメンタリー・フィルムを作っていた、スーザン・レイラでした。

スーザンのアパートの書棚にあった、この冊子を見つけて、一気に読み、このことは、もっと世間に知られるべきだと思ったのです。

そして、これを日本の人々に伝えたいと思い、作者の許可を得るために、冊子の後記にあった、住所に手紙を書きました。メリーランド州に出した手紙は、宛名の人はそこにはいない、という理由ですぐに戻ってきました。

そこで、同じく冊子の後記にあった、ジェミシー・スクールという、当時、ミセス・エツラインの子どもたちが学んでいた学校に、手紙を書いたのです。

それにも返事はなく、411という、電話番号を教えてくれる局で、ジェミシー・スクールの番号を聞き電話をしました。連絡はついたのですが、ミセス・エツラインのことは、オートン・ソサエティに聞けばわかるということでした。オートン・ソサエティは、現在では、国際ディスレクシア協会と名称が変わっていたのですが、やっとミセス・エツラインの新住所が分かり、手紙を書きました。しかし転居したのか、またもや戻ってきました。

再び、411の番号案内を利用して、アリゾナ州の、サンディ・エツラインの番号を尋ねました。普通は、住所が明確でないと、調べてくれないのですが、私の真剣さに押され

てか、オペレーターは、アリゾナ州と名前だけで、電話番号を教えてくれました。

その番号に電話すると、ファックス音でした。私は、事情を説明する文章を書き、この番号の持ち主が、私の探す「A Primer on Dyslexia」の作者、サンディ・エッラインであることを祈っています、お返事くださいと、ファックスを送りました。自分のメールアドレスも付記しておきました。

翌日、コンピュータを開けると、「そうです。私が作者のサンディです」という返事が入っていたのです。

二～三回のメール交換の後、ミセス・エッラインは、私の意図を理解してくださり、「A Primer on Dyslexia」の内容を、日本の人々に紹介することの許可をいただいたのです。

そのとき、「小冊子の主人公であるマックの個性は、私の息子と、その友人たちのキャラクターをミックスして構成しました。私の息子は二人ともディスレクシアです。ディスレクシアは、麻疹のようなものではありません。治癒できるものではないのです。いかに、それに対処するかを学ぶのみです。治療（cure）するのではなく、それに対処（cope）する方法があるということです」というコメントをくださいました。二〇〇五年に、その一部だけを紹介しましたが、ここでもう一度、ディスレクシアについて、復習してみます。

18 少年マックが語るディスレクシア

ハイ！　僕の名はマックだよ。僕はディスレクシアなんだ。

初めてディスレクシアという言葉を聞いたとき、僕は、それを発音することすらできなかったよ。両親、学校の先生、兄さんたちが、ディスレクシアが何であるか、僕が分かるように教えてくれたんだ。感謝しているよ。

僕は、ディスレクシアのことを知るまで、自分のことを「学ぶことが遅い子」、あるいは「頭が悪い子」なのではないかと思っていた。教室で、先生が僕を指名して、大きな声で朗読をするように言ったとき、いつでも、僕はどぎまぎしていた。文字がごちゃごちゃしたり、逆さになったりして、僕の目に飛び込んできたんだ。

そんなとき、みんなは、僕の間違いを笑っていた。

子どもたちにそういうことが起きるとき、それは「愚かである」とか、「学ぶことができない」ということとは違うんだ。

身体的に僕たちは、他の誰とも違いはない。ディスレクシアは、身体的なハンディキャップではない。

驚いた？　僕がハンディキャップという言葉をつかったことを！

ハンディキャップという言葉は、喜ばしい響きには聞こえないでしょ。けれども、たとえば、僕が何かをしようとするとき、スムーズにやれる友達に比べて、多少の困難がある場合、僕にはハンディキャップがあるということなんだよ。

何かのスポーツをするとき、ある人の動きに、他の誰よりもうまくいかない面があるとしたら、その人は、そのスポーツにおいて、ハンディキャップがあるということになる。

それは、その人が、そのスポーツをできない、ということを意味していないことは、明らかでしょ。それは、その人が「他の人々のようにはうまくできない」ということにすぎないんだ。

誰もが「自分はうまくできない」何かを持っていると思うよ。

誰もが誰かの名前を思い出せずに考え込んだことがあるはずだよ。

よく知っているのに、ただ思い出せないだけの誰かの名前！

僕は兄さんの名前を忘れたこともあるよ。これは誰にも起きることなんだけど、僕たちには、もうちょっとだけ多く、起きるんだ。そして、忘れることで困ったことになることもよくあるよ。

僕らは、本を読むときにも困ったことがある。文字の書かれたページを見ると、文字がFLIP（ぐいと動く）、FLOP（のそりと動く）しているように、見えることがあるんだ。ときどき、文字がダンスをしているようにも見えたりする。

アルファベットの多くの文字は、似たような形をしている。たとえば、b p d、そしてWMなど、僕は混乱するよ。それらはまったく同じように見えるんだ。

リバーサル（反転）と呼ばれる間違いもある。その意味は逆方向に向かうことだよ。左向きなのに、右に向いてしまう。僕としては、実際、左に向けて書いたつもりなのに。

ときどき、僕は他のエラーもおかすんだ。それは僕が話したり読んだり、綴ったりしているときに起きる、次のような間違いなんだ。

FELT（感じた）をLEFT（左）と間違える。同じようにHUT（小屋）をHURT（傷つける）、SPLIT（裂く）をSPIT（吐く）、GIRL（少女）をGRIL（焼肉）、などと、読み間

違えたり、書き間違えたりしてしまうんだ。数字にも僕は困ってしまう。算数の時間、先生が21と言ったとき、僕は12と書いてしまうことがあるんだ。

僕の問題の解き方は正しいけれど、当然答えは間違ってしまう。僕は数字の位置を取り違えるみたいだよ。

おお、なんということだ！

他の場合でも、困ることがある。あるとき、僕は上と言いたいのに、下と言ってしまったりする。

そして「コートハンガー」を「ハングコーター」と言ったり、*dandelion*（タンポポ）を*daisy-lion*（デイジーライオン）と、言ったりしてしまう。

僕が言葉を正しく使わないとき、それを聞いている人は笑うことがよくある。もしも人々が、それは僕のちょっとした間違いだと、考えてくれたら、僕は助かる。

僕は完全なロボットではないから。そして僕は人間で、他の人々より、少し多くのミステイクをするだけのことなんだから。

僕は学習を終えたとき、自分のでき上がったものをチェック、または、訂正しなけ

ればならない。間違いがあることを知っているからね。

ディスレクシアの子どもたちの中には、聞くことに問題を持つ子もいるよ。聴覚器官に問題はないけれど、感覚的に指示に従えないことのようだ。

先生がゲームの仕方を教えてくれても、僕の場合はいつも理解していない。それで、時々、僕はゲームをしたくないといったり、ばかげた行動をしてしまうんだ。

今ではちゃんとわかっている。

分からないことを聞くことは、恥ずかしいことではないことをね。繰り返し言ってもらうよりも、ばかげた行為をすることの方が、問題が多いことを、僕は考えられるようになったよ。

ときどき、僕は他の人が、怒ってしまうようなことをしてしまう。けれど、それがなぜ怒られるのか、まだわからないんだ。

何か言う前によく考えないといけない。さもないと、しばしば、本当に、ばかげたことを言ってしまう。たとえば、友達のビルが、歯の矯正のためにしているブレスを、彼が誇りに思っているようなとき、そのブレスを、つい、からかってしまったりするんだ。

またおばあちゃんが、誕生日にゲームを買ってくれたとき、僕はそれを既に持っているよ、なんて言ってしまうんだ。後で聞いたら、おばあちゃんは、それを探すのに、四か所もお店をまわったらしい。僕は、なんてことを言ってしまうんだろう。かわいそうなおばあちゃん。

ディスレクシアの子どもたちの中には、いつも動き回っている子どもがいる。大人たちは、この状態を「ハイパー」とよぶらしい。こういった子どもたちは、じっと座っていられないし、学習に集中できない。この余分のエネルギーは、さまざまなトラブルを起こしてしまう。

でもね、僕たちが大きくなったとき、この余分のエネルギーのすべてが、極めて大きな価値を持つことになるんだよ。

たとえば、一日の仕事の後、みんなが「疲れた」と言っているとき、いよいよこれから始まるかのように、元気いっぱいだったりするよ。

僕にとって、机はきちんと整理されている方が、学習しやすい。

それから、静かな場所が、学習するにはいいよ。雑音は注意をそらす源だからね。

そして一つのことをするのに、ながい時間をかけたくないんだ。すぐに、いろいろ

なことがひらめいてきて、短時間で、問題を解決できることが多いからね。

僕は、ディスレクシアが、家族に遺伝することを知った。

僕にはディスレクシアの叔父さんがいるんだ。彼は僕の年齢のころに、読みの学習が、非常に大変だったらしい。しかし、今や社会人になって弁護士を目指して勉強している。

叔父さんが、僕と同じ年のころに、いろいろなことをどのように感じていたかを、話してくれることが僕のたのしみの一つなんだ。

話してくれる内容は、僕がしでかしたことを、両親や先生に説明するとき役に立つ。特に僕が悩んでいるとき、叔父さんのことを思い出すと、元気が出るんだ。

僕は、物事が僕に分かるように説明されたとき、いつも気分がいいんだ。

ディスレクシアの子どもたちには、それぞれ自分に合った学び方がある。僕の学び方を、理解してくれる先生の授業は、とてもよくわかるよ。

ディスレクシアの子どもたちの状態は、みんな違うんだ。

一人一人の状態に適った、学び方を工夫することが必要だよ。すべての人が、同じ学び方で、効果的に学べるとは、誰も思わないでしょ。

一つの学び方が、すべての人に、ベストであるはずがないよ。

人によって、学び方は違うんだ。

学ぶことに関して、いくつかの効果的な方法があるよ。僕たちにとって、ベストの学び方は、感覚器官のすべてを使うことらしい。このことは、僕たちの目、耳、そして筋力を使うことを意味する。この方法で、僕らの中の強い感覚器官が、少し後押しの必要な感覚器官を助けるんだよ。

僕は、パズルのように、英語の言葉を考えるのが好きだった。

それで僕は、学習の段階を細かく区切って、単語を覚えていったんだ。頑張るとすぐに、アルファベットの断片は合わさって、一つの文字になっていったよ。

それから僕は、リピテーションの学び方で、ずいぶん助けられたと思っている。

一つのことを、何度も何度も繰り返すことで、学んでいける。それは、雪の中で、何度もスイスイ滑るようなものだ。物事を繰り返すことによって、僕は、僕の脳に学んだことの跡をつける。そして、記憶するチャンスを待つんだ。

あらゆるスキルは、多くの訓練を必要とするよ。

ボールなどの用具を使うスポーツのことを考えてみると、訓練の必要性がよくわかると思う。

言語を使うにも、必要とされる、多くのスキルがある。言葉を読むために、音を合わせたり、綴りの決まりを知ったり、音節を分けたりすることが必要でしょ。そのスキルに沿って、考えることも必要なんだ。考えることは、僕たちの強い面だよ。

僕たちにとって困難なことは、考えることよりも、スキルを学ぶことなんだ。だから僕らには多くのスキル訓練が必要なんだよ。

ここまで話して、僕は、ディスレクシアであることには、確かな強みがあると、気づき始めた。

僕らにはすごい仲間がいるよ。

エジソン、アインシュタイン、パットン、ロックフェラー、アンデルセン、これらの人はみんな、ディスレクシアだったんだよ。

優れた創造力がある。科学、芸術、工芸、運動にその力を発揮することができるよ。ディスレクシア状態が、すべてにマイナスではないんだ。それは、新しい事柄や、

経験に挑戦してみると、よくわかるよ。

多くの分野で、僕らには他の人よりも良くできる面があるんだ。だから、自分自身について、よい感じをもてる事柄を見つけることが、大切だと思うよ。

ある学者がリサーチして、ディスレクシアの子どもたちが、融通性の優れた大人になることを発表しているよ。

子どものころ、一つのやり方で、物事が成功しなかったとき、他の方法に挑戦する能力があったことを報告しているんだ。僕らはこの挑戦を大人になってからも続けている。だから融通がきくんだよ。

ディスレクシアの人々は、非常に頭がいい。ディスレクシアであることは、「学ぶことができない」、ということを意味していない。

それはただ、「特別な方法で何かを学ばねばならない」ということなんだ。

僕にとって、「読み、書き、綴り」をマスターするのに、ちょっと時間がかかる。でも、僕は頑張って乗り越えたよ。

後になって、厳しい仕事に直面した時でも、僕らは、それを無事に切り抜けることができる。なぜなら、以前に難しい作業に挑戦して、やり遂げているからね。

懸命に取り組んだ事柄は、努力なしにできた事柄よりも、大きな価値を生むものさ。
これで僕の話は終わりだよ。

ミセス・サンディ・エッツラインが描いたマック少年は、技術的にはできないことがいっぱいあったけれど、考える力や創造力が豊かで、努力して、「できなさ」を乗り越えた話で、終わっています。

ディスレクシアを改善するのは容易ではないけれど、「障害」という固定された状態ではないことをミセス・エッツラインは伝えています。

LD状態の改善に取り組みもせず、「発達障害」だから仕方がないといった感覚が人々の中に広がることを懸念します。

19 ディスレクシアであることを知らずに育つ

ミネソタ州出身のミスター・ジェームス・バウアーも、言語性ＬＤです。彼が、ディスレクシア状態との闘争を書いたものがあります。これも二〇〇五年に一度、紹介しました。

彼のことを知ったのは、『The Runaway Learning Machine（手に負えない一斉授業）：Grouing Up Dyslexia』という、彼の著書を通してです。

このときも、出版社に連絡をして、ミスター・バウアーと連絡を取って、この本の紹介の許可を得ました。

まさに、ディスレクシアとの闘いといえる記録です。今回は要点を紹介します。

ミスター・バウアーは、青年になって、あるセラピストに会うまで、自分がディスレクシアとは知らずに育ちます。

この自伝は、苦労した幼、少、高、職業学校時代のことを、一冊の本にまとめたものです。

一年生のときです。the, and, cat, dog, Jerryといった易しい単語の読みの時間がありました。

彼は、「ギリシャの神経解剖学のテキストを見ているよう」で、それらをどう読めばよいか、分からなかったといいます。

認識できたのはJerryという単語だけでした。

先生に叱られて、自尊心が傷つき、「できなさ」に悩み始めます。

二年生以降も、できない学校生活が続くのですが、六年生になって、腕相撲や雪済み競争などで優勝し、肉体労働が自分の職業にふさわしいと感じ始めます。

七〜八年生のとき、小学二年生の本を担任に与えられ、狼狽します。自分はこれほどだめなのかと、落ち込みます。

しかしAが取れるほどの、美術の才能はありました。それなのに、言語スキルの弱いジェームスの作品に、教師はよい評価をしません。言語と美術は違うのに、と怒りがこみ上げます。

高校生になると、彼のエネルギーの全ては、各場面で適切な行動をすることと、他の生徒に紛れ込んで、「できなさ」が目立たないようにすることに費やされました。

成績表は、体育以外は全て「D」で、学びの世界から逃げ出したいと、毎日思いました。低成績が理由で、ガイダンス・カウンセラーの面接を受け、読みに問題があるということで、読み担当の先生が紹介されます。

高校の最終学年の夏休み前半は、州立病院で精神遅滞者のために、後半は、別の病院で働きます。

夏休みが終わって新学期になっても、ジェームスは、自分のLD状態を友人や教師に隠すことに、最大の努力を払うのでした。

高校が終わったらどうするか、選択は限られていました。

大学、短大、技術学校、あるいは軍隊にリストするしかありません。大学に行きたかったけれど、道ははるかかなたでした。ミネソタ大学に行き、ソーシャル・ワーカーになりたいというと、ガイダンス・カウンセラーは、彼の成績表を見て言葉もなく黙りこみます。それで、技術学校を選び、最終的に、「職業・セラピー・アシスタント（OTA）」プログラムに受け入れられたのです。

その技術学校で、ジェームスは、読み書きの課題に苦労します。

三つのプログラムのうち、口述で交流するものはよい成績ですが、医療用語の勉強や、

患者のリハビリテーション記録をまとめ、記述する、といった勉強では、やめたくなるほど苦しみます。

自分にあてられた患者のページをめくると、書いてあることが、ワイヤー・ロープのように絡まって、一つになっているように見えた、と記述しています。

それで、段落ごとに要点となる言葉を拾い、書き手の意図を読み取ろうと試みます。内容が理解できた後、自分の文章に書き手が使ったのと同じ用語をいっぱい使い、単語の綴りを正しく写すのです。

一般の学生が、二〇分で済む課題を、一時間半も掛けるのでしたが、綴りと文章構成のまずさで、Cが付けられ、気落ちし、激しい疲労に陥ります。

さらに、他の全ての課題を終えるのに、明け方までかかるのでした。過酷な苦労をしますが、技術学校での学びは続けます。

年末の休みに帰郷し、兄の友人が「読み、書き、綴り」の指導をする、個人教授を受けたと聞いて、ジェームスも予約をします。

ウイルソン・アンダーソンという、個人教授の先生でした。面接後、教えてもよいと言われます。「自分の歳で遅くないか?」と聞いたら、「どんな年齢であっても遅くはない」

と言われます。

それまで、ＬＤ状態を隠し続けてきた自分が、今回はそのことに直面しなければならないと、不安が津波のごとく押し寄せました。

「きみは何が問題だと思うか？」

「綴りです」

「それだけ？　読むことと、書くことは？」

ジェームスは恥ずかしさでいっぱいになります。

「いつ気づいたの？」

「学校に行ったはじめの日です」

「そうか、私はこれから君に、君の生きてきた中で最も困難なことをさせるよ。私に本を読んで聞かせてほしい」

・・・・・

「きみは高校を卒業したの？　技術学校は？　率直に言うと、君がどうやって高校を卒業したのか、想像もつかない。それは君にとって、地獄のような日々であったに違いない」

ジェームスは救われた気持ちでした。

ついに、誰かが、自分の苦しかった学校時代のことを認めてくれたと思うと……。

「両親は、どうしていたの？　君を助けた？　君は自分がディスレクシアだと聞いたことがある？」

「はい、でも、文字がひっくり返って、見えたことはありません」

「それはディスレクシアの一つの徴候にすぎない。いろいろな状態がある。ＩＱの高い人々によく起きる。理由は明らかではないが、読み、書き、綴りに問題が生じる。今までに、君が非常に高いＩＱをもっていることを、言ってくれた人はいる？」

「いいえ」

「多分、君は、いつかそれを知るだろう。現在の読みのレベルは、小学三年生だ。私は、君の状況を改善することを約束するよ」

それから指導は、厳しくも厳しく、ジェームスは戸惑いながらも、アンダーソン先生についていきます。

結論は、言語状態は改善し、ジェームスは大学に行き、大学院まで進みます。

ミネソタ州にあるセント・メアリー大学の大学院で、ジェームスは、ＬＤの人々の心の

様子について、リサーチを計画します。

この研究で手がけたことは、「セルフ・コンセプト」の問題でした。ジェームスは、ＬＤ状態に肯定的にかかわるか、否定的にかかわるかによって、その人のセルフ・コンセプトの在り方が決まると考えます。

自分は、ディスレクシアを乗り越えることができるという、プラスのセルフ・コンセプトか、どうにもできないというマイナスのセルフ・コンセプトかによって、人生も変わるというリサーチをします。

さらに、ディスレクシアの心理的様相について、ジェームスは、研究を進めていきます。

そして、読者にディスレクシアについての彼の観点を紹介して、自叙伝を終わらせています。

ジェームスが考えるディスレクシア

（1）ディスレクシア状態には、中枢神経系のシステムに問題となる、何かが存在する。

（2）その問題は、成長と学習のレディネスに結びついている（例えば、ある子どもたちは、六歳で学ぶ準備ができ、他の子らは、九歳でそれができるようになる、という

ように、人々は異なるスピードで成長していく。ところが、学校のシステムは、人間は誰もが同じ時期に同じように成熟し、同じ時期に全員が、読む能力を備えていることを期待して、構成されている。もしも、誰かが読書の後に、その本の基本的な内容を記憶していなければ、その人は、ＬＤといわれることになる）。

（３）人々は、異なる方法で学習する（例えば、視覚力で学ぶ人もいるし、聴覚の強さで学んでいく人もいる。学校教育で、一つの学習方法だけを提供して、成績評価をするのは、間違っている）。

（４）ＬＤ状態のために、家族との関係がうまく築けず、情緒不安になる人がいる。

（５）英語は、複雑な言語であり、多くのルール的例外があって、学びにくいことが、ディスレクシアに大きく影響する。

（６）社会は、あまりにも、「読み、書き、綴り」に重きを置きすぎる。高校卒業時に、全員がバイオリンを弾くべきで、もしバイオリンを弾けなかったら、ＬＤといっているようなものである。「読み、書き、綴りができないから、ＬＤである」などという規定は必要ない。

この本を書くことは、自分にとって、セラピーを受ける以上の意味があったと、ミスター・バウアーは述懐し、次のようなコメントを関係者に贈っています。

「誰かが期待するような成績を出さないとき、ただ単に、もっとがんばれ、というだけでなく、他の解決方法を考えてあげてほしい。ＬＤ状態があったとしても、忍耐と愛情と、心からの助力があったなら、その人の学びは確かなものになる。

ＬＤの人が、自分自身に好ましい感覚を、肯定的なセルフ・コンセプトをもつようにかかわることから始めよう」

この本を出版したのち、ミスター・バウアーは、イギリスに留学して、ＬＤについてさらに学び、博士課程を終え、研究者になったということを聞いています。ＬＤ状態を改善して、大学院で学んだ経験は、同じような人々に、勇気を与えます。

ＬＤとは、学習ができない状態ではないのです。一斉学習ではなく、その人に適った学習方法が必要な状態なのです。

発達障害という名で括り、漠然と、曖昧にして、どうしようもないと思っている人々は、ＬＤについて正しく知る必要があります。

大学院で学んだバウアーは、今でもＬＤなのです。

「発達障害」という用語は、彼には必要ないでしょう。

20 日本語圏におけるLD状態（言語性＋非言語性）の子

私が教えた中にも、LD状態であったと思われる生徒（A）がいます。この事例も二〇〇五年に、一度紹介しました。

まだ、LDという用語が、日本に入っていない時期で、区の教育委員会では、学業不振児というタイトルで、研究会などをしていました。

授業中は、いつもぼんやりしていて、ときには居眠りさえ出る、という状態が、受けもった五年生のはじめから続いていました。易しい質問をしても、小さい声でもぞもぞと言って、苦笑いをして黙ってしまという具合でした。テストには、ほとんど何も書いていませんでした。

Aさんは、「自分はできないんだ」と、思いこんでいるように見えました。クラスの生

徒たちも、「あいつはできない子」と、決めつけるような言動があり、「できない子」のイメージが定着していました。

休み時間に、「みんなと一緒に遊んだら」と促しても、「いやっ、いいの」と、振り切るようにして、低学年の子らの遊んでいるところに、走って行ってしまい、Aさん自身も、クラスメイトの中に入りたいとは思っていないように、見受けられました。

〝学習のできなさ〟と〝学校生活のぎこちなさ、〝さらに〟話すときの舌足らずな発音という特徴があり、知恵遅れと見られがちでした。

そのようなAさんでしたが、親身になって激励し、放課後、個別に丁寧に、スモール・ステップで教えていくと、算数の計算ができたり、漢字が正しく書けたりするのでした。それで、本人や周囲の人たちが思っているほど、〝知的に低い子〟ではないかもしれないと、別の視点で接することにしたのです。

Aさんに、適切な指導をするために、（ご父兄の許可を得て）知能検査や学力テストなどを行って、実態を把握することにしました。検査器具などは、教育委員会の相談室から借りてきて、放課後実施しました。

知能検査の結果は、平均よりも高いＩＱ数値で、それまでいわれ続けた〝知恵遅れ〟や

〝境界線〟という言葉が間違っていたことが分かったのです。

言語性検査では、「一般知識」は低く「数唱問題」が高くて、個人内能力に、強弱が示されました。「数唱問題」とは、二桁以上の数字を聞いて、順唱、逆唱をするという問題です。たとえば、五四三六と聞いたとき、順唱は五四三六、逆唱は六三四五と答えます。これは、短時間での記銘力のよしあしを示すものです。

動作性検査においては、検査項目に、個人内能力の強弱はなく、全てが平均か、それ以上の数値でした。

一方、学力検査の得点は非常に低く、国語も算数も、評価段階は、一でした。その中で、国語の「聞くこと」の部が、割とよくできていて、五五％の正答率でした。

このことと、「数唱問題」の高得点は、短時間での記銘力の良さを示唆します。課題を意識させ、集中させると、かなりなレベルで、インプットする力があるのではないかと思われました。

知能テストの「一般的知識」と、学力テストの国語における「読むこと」「書くこと」の部の低得点は、過去の学習の積み重ねがないことを示しています。学業の積み重ねのなさは、学力テストでの算数の「量と測定」の結果にも、表れていました。この分野は、知

識の積み重ねがないとできないもので、Aさんは、一題も答えることができませんでした。

これらのことは、今までに詰め込んだ知識の定着に失敗したのか、それとも学習方法や、環境に問題があったのか、などの疑問を生み、さまざまな検査や調査へと、発展していきました。

学習適応性検査や友人関係の自己評価で、わかったことは、意欲のなさと、友人とのかかわり度の希薄さでした。

幼いときから父子家庭で、身の回りの世話が十分でなく、衣服が汚れていることが原因で、いじめにあい、普通の友人関係もなく、無気力になってしまったことが、考えられます。

父親との話し合いで分かったことは、

物心つくに従い、舌足らずな物言い、

姉弟に比べると少し変わった性格、

のんきで機転が利かず、

協調性がなく、

物覚えが悪く、

風変り、
忍耐力なし、
日常の言動に劣ったところがあり、
姉弟にばかにされ、
勉強を嫌い、漫画ばかり見る、
幼いときに、母親が死亡

といったことでした。

父親の話したＡさん像は、ＬＤ的な要素を示唆しています。舌足らずな言い方、物覚えが悪い、言動が劣る、協調性がない、風変り、機転がきかない、などです。

しかし、日本における一九七〇年代、ＬＤ定義はまだ未知のもので、学ぶことに問題のある子として、学習指導と、交友関係を通したかかわりで、状態の改善を目指しました。

その当時、毎日、漢字の五分間テストをしていましたが、毎回〇点を取るので、少し強く、「あなたなら、漢字は練習さえすればできる学習である。努力していないと思う」と、強く言いました。

そのときは、ふんふんとうなずいていましたが、なんと、翌日のテストで、三〇点を取ることができたのです。担任の励ましに応えたのです。皆の前で大いに激励すると、その次の日は六〇点になったのです。点数は増えていき、Aさんはできないという、周囲の印象は変わっていきました。

ある日、それまで、質問などしたことのないAさんが、「5－1.4」の計算はどうすればよいかと、少数の引き算のことを、聞いてきました。普通のやり方で教えるとすぐに分かりました。

発音が悪いため、文を綴るときも誤りが起きます。「つ」が「す」になり、「き」が「ち」になり、促音、拗音の箇所も間違えるのです。

次の文は、Aさんが書いた感想文です。

わたしたちは足や手がじゆうにすかえるけど、すかえない人はかわいそうだ。からだのふじゆな人でもどうどうとでていけるような国をつくてあげたい。そうしたらからだのふじゆな人はなんにもなてない人のようにどんなところでもいられると思う。

Ａさんの父親は、この状態について、言語中枢未発達と評していました。今でこそ、ＬＤの研究で、「中枢神経系の機能不全」ということが報告されていますが、当時、「言語中枢未発達」と言った研究者でもない、市井の人である父親の感は的を得ていました。

Ａさんは、定時制高校を出て、事務員をしているときに出会った人と結婚して子どももでき、現在は地方で、大きな家に住んで暮らしていると聞いています。ＬＤ状態に負けることなく、強く生き抜いています。

器質的なものは、生きている間中続くけれど、ＬＤ状態は、補ったり、克服したりして、人生を成功させることができるのです。

VI

脳機能に働きかける

1 LDの脳機能不全を治療する

LDは器質として生まれながらに存在し、その状態は一生続き、治療（cure）するものではなく、どう対処（cope）するかが課題であると認識し、私は今までそのように書き、伝えてきました。

弱い面を補償し、強い面を生かすことがなすべき最善なことだといってきました。しかし二〇一六年に、その概念を覆す書物に出会いました。その書には、皮質下の機能不全な領域に働きかけて治すということが書かれていました。

ノーマン・ドイジ著『脳はいかに治癒をもたらすか』という題の書物です。

LDの対応に、Cure（治療）する方法があるということと、Cope（対処）あるのみということでは、LD教育は根本から変わります。LD状態は治るといっているのです。

この書の内容は、「LD状態はCureするものではなく、Copeする方法があるだけだと信じていた私」には、強烈に響きました。

神経可塑性に働きかけて機能不全を治療するというのです。可塑とは、自由に物の形が作れるという意味で、刺激によって、新たな結合がニューロン間に形成され、機能不全が解消されるというものです。

2 神経可塑性

脳の神経細胞に向けた、何らかのエネルギーによる刺激が、脳の眠りこんだ神経回路を再生させるというのです。

光、音、電気、振動、動作、思考等が、神経への刺激に利用でき、それらが皮質下の脳システムに働きかけ、脳細胞の可塑性を可能にするといいます。

ノーマン・ドイジ氏は、パリ大学、医学部耳鼻咽喉科を卒業の医師、アルフレッド・トマティス博士の理論を紹介しています。

聴覚に働きかけて、音による刺激で神経可塑性を促すという方法です。

トマティス博士は、聴覚、心理学、音声学を専門として研究を続けます。そして、耳は脳のバッテリーだとして、電子耳を使って音を送り、音の刺激で皮質下に変化をもたらすという研究をします。

前頭皮質は、脳の最も外側に位置し、脳の高次機能を担う領域です。

そこでは、推論、計画、行動の抑制、集中、抽象思考、意思決定、他者の思考や感情等を把握します。音の聴覚への刺激により、皮質下の構造が大規模な成長を遂げて、その変化に呼応して、神経細胞が再配線されるように導くことで、ＬＤ状態の恒久的改善がもたらされるといいます。つまり治療可能ということになります。

3 リスニング・プログラム

トマティス博士の探求は、さまざまな言語、学習、重度なＬＤの治療へと向かっていきます。そして、トマティス・リスニング・プログラムという方法を創始します。これは、

受動フェーズと能動フェーズの二段階からなります（ここでは内容は省きます）。

そのころ、ポール・マドールという青年がトマティス博士の治療を受けます。ポール・マドールは一九四九年生まれで、重度なＬＤ状態がありました。

聴覚は正常でしたが、聞き取りが悪く、学校は四度も落第します。学校をあきらめ、一八歳のとき、社会から孤立し、修道院に通い続け、そこでトマティス博士に会うのです。

博士は、無気力になった修道僧たち（なぜ無気力になっていたかもここでは省きます）を治療するために来ていたのです。そこで出会った、重度なＬＤ状態のポール・マドールの治療をしました。

二段階のリスニング・プログラムを実施します。

結果、重度のＬＤ状態が解消され、ポール自身が、トマティス・ウエイの後継者的存在になり、ＬＤや自閉症の子らを治療していくことになります。

つまり、電子耳を使って、皮質下に音の刺激を与えて、機能の回復を図るという治療法を実践していくのです。

この皮質下の刺激で、ＬＤ状態の治療が可能ならば、日本はもちろん、世界中のＬＤの子どもたちに、この方法を使うべきです。すでに、フランス、アメリカ、カナダ、南アフ

リカ等の国で、電子耳を使ったトマティス・ウエイが実行されているそうです。

さらに、ＬＤの神経可塑性による治療について知りたいと思い、ノーマン・ドイジ氏の著書『脳は奇跡を起こす』というＬＤについて書かれた本を探しましたが、絶版になっているのか、手に入りませんでした。後に図書館で見つけましたが。

その後、神経可塑的な方法で、重度なＬＤ状態を治療したアロースミスさんという方のことを知りました。

4 重度なＬＤを治療する

独自の方法で、ＬＤ状態を治療した自身の体験を、講演しているアロースミスさんの映像をネットで見ました。

来る日も来る日も、長針と短針の時計の読みをしていくという壮絶な訓練を行い、重度なＬＤを治療したのです。

アロースミスさんのことは、ノーマン・ドイジ氏の著書『脳はいかに治癒をもたらすか』の中にも出ていたことを思い出します。

アロースミスさんも、はじめは従来の強い面を生かし、弱い面を補償するというやり方でＬＤのセラピーを受けていたけれど、効果は思わしくなく、神経可塑性という方法に変えて、ＬＤを治療できたということが書かれていました。

一九八〇年代にアロースミス・スクールを立ち上げ、読み、書き、計算が困難なＬＤをもつ子どもたちのための学校経営を始めたのです。このプログラムは、世界の十数か国で実施されているそうです。

5 ローゼンツウェイグ博士の可塑性研究

バーバラ・アロースミスさんは、脳の神経可塑性に働きかけて、重度なＬＤ状態を治しました。

ＬＤ状態への対応は、「中枢神経系の機能不調へのかかわり」「原因の追究なしに、できなさを改善」といった二つの方法があり、前者は医者の仕事、後者は教育者の仕事といった、暗黙の了解で、私の中に落ちついていました。ＬＤに対する教育者の仕事は補償教育であると信じ、「中枢神経系の機能不調にかかわる」方法など私の意識にありませんでした。

しかし、トマティス・ウエイやアロースミスさんのことを知って、ＬＤ概念が大きく変わりました。

「神経可塑性」というのは、学習するにつれて、新たな結合が神経細胞間に形成されるということです。つまり、神経の配線を変えるということです。

脳細胞に対する神経刺激が、脳の神経回路を再生させます。

はじめ、バーバラ・アロースミスさんは、カリフォルニア大学の科学者、ローゼンツウェイグ博士の、「行動の仕方によって脳の構造に変化が生じる」という神経可塑性の研究に関心をもちます。

ローゼンツウェイグ博士は、刺激のある環境に置かれたネズミと、刺激のない環境に置かれたネズミの死後、その脳の解剖を試みました。

すると、刺激を受けたネズミの脳は、刺激を受けなかったネズミの脳よりも、神経伝達物質が多く、重く、血流量が多いという研究結果を得たのです。それは、脳は変えられるということを意味しています。

6 ルリヤ博士の脳地図

アロースミスさんは、ローゼンツウェイグ博士の研究とアレクサンドル・ルリヤという世界的な神経心理学者の理論を結び付けます。

その理論とは、例えば、「脳は、文字の記号を舌や唇の運動に変える。この運動をまとめるのが左頭頂葉の運動野にある」といったものです。

ルリヤ博士は、兵士の傷の位置と精神機能（読んだり、書いたり、話したり等）の関係を観察していました。そして傷の位置と機能不全の関係をもとに、脳地図を作ります。

アロースミスさんは、脳のどの部分がどの機能を処理しているのか、ルリヤ博士の研究

したものを学んでいきます。

そして、ＬＤ状態を作り出す機能不全な脳の領域が、うまく機能するように、自分の体で自分の脳を治していく訓練をしたのです。

「どこを刺激すれば」「どの運動をすれば」機能不全を起こしている領域の可塑性につながるか、アロースミスさんの自己訓練は壮絶なものであったという記述があります。

アロースミスさんの行ったことは、容易なことではありませんが、ＬＤの治療はできるということを証明しています。

7 兵士の脳の傷とルリヤ博士の研究

一九四三年、ルリヤ博士の勤務する病院に、頭を負傷した兵士がやって来ました。傷によって生じた、兵士の脳の機能不全を治療することから、脳の領域と精神機能の関係について、ルリヤ博士の研究が始まります。

兵士の左脳の損傷は、脳の奥まで達していました。記号の関係を理解する脳の領域に、銃弾の破片が残り、論理や因果関係、空間関係が理解できず、左右の区別もつかなくなっていました。

文法がわからなくなり、in と out（内と外）、before と after（事前と事後）、with と without（伴うと伴わない）といったことの意味も分からなくなっていました。簡単な単語も文も理解できませんでした。

正に今、私たちが知る重度なＬＤ状態です。

アメリカでＬＤについて勉強したとき、負傷した兵士と同じような状態があるので、微細脳損傷（ＭＢＤ）と呼ばれる子どもたちがいたことを知りました。

しかし、その子どもたちの脳に微細な傷は見つからず、そう呼ばれることを、親たちはスティグマだと感じていました。

そういった背景があって、ミシガン大学のサミュエル・カーク博士がＬＤという呼び名を提案したのです。ＬＤはＭＢＤよりはよい響きだと、親たちはＬＤ用語に賛同します。

そのようにして生まれたＬＤ用語ですが、ＬＤ状態の子どもの脳に傷はないけれど、傷がもたらすのと同じような機能不全が、器質的（発達過程でなったのではなく、生存と共に

あった状態）にあるということは確かだと、アロースミスさんは考えていきます。

それで、機能不全を起こしている、脳の領域の神経可塑性を目指して、自分で自分のLD状態を変えようとします。

ルリヤ博士が治療した兵士の日記には、「母」と「娘」が何を意味するか分かるけれど、「母の娘」という表現がわからなかったし、「〜よりも大きい」とか「〜よりも小さい」という言葉が理解できなかったと書かれているそうです。

その兵士は、左半球の（1）側頭葉（2）後頭葉（3）頭頂葉に銃弾を受けていました。その領域、（1）は音と言語を処理、（2）は視覚イメージを処理、（3）は空間関係処理、といった情報処埋をするのですが、これらが接するところが損傷していたのです。

8 重度なアロースミスさんのLD状態

アロースミスさんのLD状態は重症でした。運動感覚の問題として、左側の腕や脚がど

れくらい動いたかわからず、左手に持つコップの中身はこぼれてしまい、よくつまずいたり、転んだりしていたそうです。

さらに、記号と記号の関係を理解する脳の領域の機能不全もあり、文法や算数の概念、論理、因果関係の理解が苦手でした。

兵士と同じように、「母の弟」と「弟の母」の違いが分からず、二重否定は全く分かりませんでした。

時計の長針と短針の関係が分からず、時計は読めないし、左と右に迷いました。

アロースミスさんは、自分は頭がおかしいと思ったと、追想しています。一九五〇年代は、特殊教育もなく、学校の評価は、日本でもそうでしたが、「たいへんよい、ふつう、できない、知恵遅れ」のどれかでした。

アロースミスさんは、記憶力がよく、優れた面があったので、知恵遅れという評価はなく、特別クラスに入れられることはありませんでした。

前述したジェームス・バウアーさんと同じように、アロースミスさんも、自分のできなさに、人々が気づかないように努力をしていたそうです。

子どもに関心のあったアロースミスさんは、教師になろうとして大学に行きますが、自

分の能力に、できる部分とできない部分があることを隠せなくなります。

しかし、子どもたちの非言語的キュー（合図）を読み取ることが優れていたということで、大学講師にと要請されます。

その後、トロント大学の大学院で学びますが、論文の原文を二〇回も読まないと、理解できなかったといいます。

9 補償型の教育

アロースミスさんと同じ大学院の学生で、優秀だけれど、やはりＬＤ状態をもっていた友人がいました。その人が、ＬＤ児のために開いていた診療所では、「補償」と呼ばれる教育方法が用いられていました。

これは、問題そのものにではなく、例えば、読むことに問題があれば読み聞かせる、行動が遅い人にはテスト時間の延長を、読解が困難な人には重要なところに線を引く、とい

うように周辺部分を配慮するといったものです。そして、強い面を活かす教育です。ノーマン・ドイジ氏の書物に会うまで、正に、ＬＤ教育はこの補償型が最適だと、私は思っていました。

アロースミスさんは、「補償型」の教育を受けた子どもたちのことをテーマに論文を書いていましたが、ほとんどの子どもたちに実質的な進歩がないことに気づきます。

アロースミスさんも、この補償型のプログラムを受けようとしたのですが、彼女には機能不全な部分が多く、それらを補償するための機能が少なく、他の方法はないものかと考えていきます。

そのころ読んだ、アレクサンドル・ルリヤ博士の書物に、脳卒中や外傷のせいで、文法や論理、時計の読みが苦手な患者のことが書かれていました。

アロースミスさんは、そこにＬＤの脳機能不全との関係を考え始めます。

10 神経可塑性に働きかける

ローゼンツウェイグ博士とルリヤ博士の研究を基に、アロースミスさんは、自分で脳を訓練する方法を考案し、自身にそれを実行していきます。

弱点を補うために、他の強い機能に頼るのではなく、最も弱い機能そのものの訓練を行うのです。

アロースミスさんの最も弱い機能は、「記号を関連付ける機能」でした。

それで、時計の絵を描いたカードを何百枚も用意し、時計を読んでいくのですが、何週間も訓練をすると、早く時計が読めるようになり、記号に関して、ほかの面も進歩していったそうです。

その訓練は、睡眠時間を割いて、毎日毎日、そのことだけに没頭するといった厳しいものでした。

厳しい訓練を続けていくうちに、文法や算数、論理も理解できるようになり、以前には、

人が何を言っているのかわからなかったことも、その場で分かるようになっていきました。

現在、アロースミスさんは脳の訓練方法を開発しながら、学校を作り、ＬＤの子どもたちの訓練を行っています。

脳の可塑性（変化する可能性）を信じる人が少なかった頃に、アロースミスさんは、ＬＤの弱い脳の領域に働きかける方法を考えたのです。脳スキャンもまだない時代で、脳のどの部分がどの機能に対応しているのかは、ルリヤ博士の脳の地図（傷のあるエリアと精神機能の関係）を参照にしたそうです。

11 アロースミスさんの学校

アロースミスさんの学校の入学希望者は、四〇時間の検査を受けて、脳のどの部分が弱いのか、回復可能かどうかを検査されます。

脳の神経可塑性に働きかけて、機能不全をなくしていくというアロースミスさんのＬＤ

教育は、トマティス・ウエイと同じく、ＬＤ教育の次への展開だと思います。

ＣＴスキャン、ＭＲＩが遠い存在ではなくなっている今日、弱い部分を「補償」するＬＤ教育から、神経可塑性に働きかけて、機能不全をなくすＬＤ教育へと移行すべきです。

アロースミス・スクールの神経細胞に働きかける方法として、次のような方法があります。

話をするとき、脳は、記号（単語）を舌や唇の動きに変えています。これは、左頭頂葉の運動野にある脳の領域の仕事です。この分野の働きが弱く、考えがあるのにうまく話せないし、答えはわかっているのに伝えられないので、低い評価を受ける子がいます。

考えていることを書くとき、脳は、言葉を指や手の運動に変えます。それで、話がうまくできない子は、書くことも苦手です。

ある言葉や数字を考えていても、実際には違うものを書いてしまったりします。これは、脳が、指や手に間違った運動をさせているのです。

読みにも問題があり、読み方が遅く、飛ばし読みをします。

アロースミスさんの学校では、線をなぞらせることをさせます。運動前野という部分の神経細胞を刺激するためです。

なぞる訓練は、子どもの話す、書く、読む、の三つの分野全てを向上させるとアロースミスさんは知っていました。この訓練で、子どもたちは、話すスピードも速くなり、書くこともうまくなり、長い文章を話すようにもなったと記録されています。

アロースミス・スクールには、聴覚記憶が弱い子には、詩の暗記のために、ＣＤを聴くというプログラムもあります。

携帯電話のない時代に、七桁の番号を暗記できなかったというハリウッドのアカデミー女優、シャーさんは、番号を紙に書いて電話していたということですが、聴覚記憶の問題があったのかもしれません。

前頭葉に問題があると、非言語的なキューを読み取ることが弱く、人とうまく付き合えないことがあります。計画を立てることが苦手、物の区別、目標が立てられないといったことも起きます。

前頭葉を訓練するプログラムもアロースミスさんの学校では、考案されているそうです。

Ⅶ

教育の問題と用語に関する考察

1 アロースミス・スクールを卒業した人

この学校の脳の訓練で、ＬＤ状態を変えた人が大勢います。

ある人は一三歳で入学したときは、算数と読み方の能力は小学校三年生のレベルでしたが、三年間の訓練で、読み方と算数が、一〇年生のレベルまで上がり、今は大学を卒業して、企業で働いています。

また、別の子は、一六歳まで、補償的な教育を受けていましたが、読み方は小学校一年生レベルでした。この学校に転校後、一四か月で、読みのレベルが七年生まで上がったということです。

ある芸術家は、一流の色彩感覚をもっていましたが、物体の形の認識が弱かったので、神経可塑性の訓練を行っています。

また法廷でうまく話せなかった弁護士には、ブローカ野の発音領域を中心にした訓練を行って、治療に成功しています。

アロースミスさんの指導で、脳の神経可塑性の訓練を受けた人たちは、数知れません。LDは周辺を変え、強い面を活かす「補償型」ではなく、神経可塑性を念頭に置いた、脳の部位の訓練が必要であることを身をもって教えています。

誰の脳にも機能の弱い部分があります。神経可塑性の訓練は全ての人に役立つはずです。今後のLD教育は、神経可塑性を目指すべきだと考えます。

2 普通学級で問題児だったエジソンとアインシュタイン

南カリフォルニア大学で、LDのコース・スタディを受講したときドクター・ウエルズは、アメリカでLDだったといわれている、代表的な人物として、エジソン、アインシュタイン、ロックフェラーの三人の名前を挙げました。

発明家として有名なエジソンは、小さいころ、他の子らと一緒の行動がとれず、友人からばかにされ、教師には劣等生と思われていたのです。

多動、調整力不足、興味のあることに固執する、などといった行動が、顕著であったそうです。

教師は、エジソンをお荷物として扱い、劣等生の烙印を押していました。エジソンは、毎日、教師に叱られて嫌になり、学校に行かなくなります。

元教師の母親は、そのような指導もできない学校に行く必要はないと、家庭で基礎的なことを教えます。難解な本を読んで聞かせ、文学書も、多数読ませます。

働くことの大切さも教え、野菜売りや新聞売りなどをしながら、さまざまな実験を続け、失敗の連続をしながら、発明王となっていきます。

アインシュタインもエジソンと同じく、じっと座って勉強をする子ではなく、教室の厄介者で、落ちこぼれだったそうです。

教師の言うことや、友人のすることには無関心で、孤立して、変わり者だと思われていました。

しかし、その子ども時代に読んだ本の内容が、アインシュタインの理論の源泉になったといわれています。

エジソンもアインシュタインも、普通学校での一斉行動に乗れず、協調せず、教師の管

理下に収まり切れませんでした。もしも、彼らの一切を管理下に押し込めたり、好きなことを封じ込めたりして、皆と同じようにさせていたら、委縮して、偉大な発明家、偉大な物理学者は、生まれていなかったであろうと考えます。

インクルーシブ教育は、普通教育の中に全ての子どもたちを受け入れるのですが、全員の特性や能力をつぶさずに、教育していくことには、非常な難しさがあります。

アインシュタインやエジソンは、ＡＤＨＤ、あるいはＬＤ状態を、エネルギー源として、人類にとって、偉大な貢献者となっていますが、公教育からは、はじき出されていたのです。

3 インクルーシブ教育の実践

知的障害・肢体不自由・視聴覚障害・病虚弱・ＬＤ・ＡＤＨＤ・自閉スペクトラム症・重度重複障害等の子どもたちと、問題をもたない子どもたちが効果的に学べる教室、指導

法、プログラムを、今までの学校という概念の中で設定することは、容易ではないと思います。学校教育のシステムを根本的に変えなければならないでしょう。

ＬＤオンラインのニュースレター（二〇一八年八月一一）に、普通教育の教室は、今後、さらに混成状態になる、という記事が載っていました。

さまざまな生徒が普通学級に統合されることによって、そうなる部分があるといいます。それで、特別教育と普通教育の教師たちは、生徒たちの個々のニーズに合った、多様な種類の教育技術を駆使する必要があるといいます。

これは、グループ学習（全クラス、小グループ、ペア、一対一）、や、読みの指導の意味について、教師たちは、研究されたものを学習する必要があるという記事です。

インクルーシブ教育の実施は、用意周到であるべきです。

まず、どの国も、教師の育成から始めねばならないことは、明らかです。

インクルーシブ教育のクラスには、肢体不自由な子も、知的障害の子も、視聴覚障害の子も、病虚弱な子も、自閉症の子も、ＡＤＨＤの子も、ＬＤの子も、その他の支援の必要な子どもたちも支援の必要がない子どもたちも全員が入学します。

肢体不自由や知的障害や視覚障害や重複障害等の状態がしっかり把握されているように、ＬＤ・ＡＤＨＤ・自閉スペクトラム症の状態もしっかりと把握することが必要です。「発達障害」用語で括り、状態を曖昧にしたままでインクルーシブ教育を行ったとき、子どもたちの教育的ニーズに応えることはできないと思います。

4 絶対的なものではなく作られた用語

教育用語が絶対的なものではない、ということを伝えるために、再び、玉井収介先生の著書から、用語「情緒障害」と用語「自閉症」について、以下に引用します。

情緒障害という言葉は、一九六一年に児童福祉法の一部改正により、「情緒障害児短期治療施設」が新しいタイプの施設として発足したときから使われるようになったそうです。そのとき、「中央児童福祉審議会」は、情緒障害児短期治療施設の、対象となるべき子どもとして、「知能の遅れ、身体的病気など、一時的原因がある場合は除く、自閉症、自閉

傾向の強い子は除く」と、但し書きを付けました。

ここでは、情緒障害児からは自閉症は除くとなっています。ところが同じ時期に、文部省が児童の心身障害の実態調査を行い、「情緒障害」という用語が、一つの項目として起こされたのです。この委員会は、情緒障害に含めるものとして、「緘黙の疑い、登校拒否の疑い、神経症の疑い、自閉症の疑い、精神病の疑い」としました。

だからこちらでは、自閉症が、情緒障害という用語の中に入ってしまいました。つまり、ここでは情緒障害に自閉症が含まれたのです。

ほぼ同時に、審議会と委員会が、別の人間で構成されていたために、こういう不都合が起こってしまったのだそうです。

玉井先生は、「現在では、情緒障害に自閉症を含めて使われることが多い。情緒障害イコール自閉症と思っている人さえいる。この矛盾をどう整理したらよいであろうか」と述べています。

私も、ずっと長い間、自閉症のことをなぜ情緒障害というのか、分からなかったので、玉井先生のこの記述で、すっきりしたことを覚えています。

重要な教育用語が、このようにして生まれていることを、多くの国民は知りません。いわば、〝心なし〟という感じさえします。

5 限局性学習症

ＤＳＭにSpacific Learning Disorderと記載されている用語があります。全般的なできなさではなく、脳のある特定の分野が機能不全であることを示す言葉です。

ＤＳＭ－Ⅳまでは「学習障害」と訳されていましたが、ＤＳＭ－５に改編されて、日本語訳は、「限局性学習症」となりました。

全般的なできなさではなく、あるエリアだけが学習に関する機能不全に陥っているということを示唆する翻訳語です。

神経可塑性により、機能不全に陥っている箇所（限局）を治療していくことが可能であることをノーマン・ドイジ氏やアロースミスさんは教えてくれています。

エピローグ

ここまで述べたことをまとめてみます。現在、日本で流行している「発達障害」という用語は、二通りの意味合いがあります。

一つは、前記の司会者の体験にあるような使い方で、日本でしか通用しないものです。

もう一つの意味合いは、ＤＳＭ－Ⅲで表記された「知的障害・自閉症・ＬＤ・ＡＤＨＤ」の総称としての「発達障害（Developmental Disorder）」ですが、ＤＳＭ－Ⅳが発行された一九九四年に、「発達障害」という用語は、アメリカの診断書からは消えています。

自閉症は、生後二〜三歳まで正常であった小児に発症するといわれているので、発達過程で起きた障害と捉えてよいかもしれません。

しかし、ＬＤは器質的にそのように生まれてきているわけで、発達過程で起きたものではないという点では、発達上の障害ではないと考えます。

ＡＤＨＤも遺伝の可能性が高いので、発達上、そうなったのではない人たちも多くいるはずです。知的障害も、ダウン氏症候群などは遺伝子に関係します。

このようにみていくと、今の日本でいわれている発達障害の内容が、「自閉症・ＬＤ・ＡＤＨＤ」であるという分類は、妥当ではないと思われます。

ＤＳＭが改編ごとに用語を変えているように、子どもの状態をよりよく把握するための名称や組み立てを変えてもよいのではないかと思います。子どもたちの状況を正しく把握することは、全ての子どもに必要なことです。

発達障害という用語にくるめて、大雑把に、曖昧に子ども把握をすることは、止めたいものです。四つを統括せず、「自閉スペクトラム症」「ＬＤ」「ＡＤＨＤ」「個性」とそれぞれの名でそれぞれを呼ぶことを提案します。

二〇一六年に、ノーマン・ドイジ著『脳はいかに治癒をもたらすか』を読み、ＬＤ状態にどうかかわるかについて、確信的に思っていたことが覆されました。

ＬＤ教育は補償型あるのみと理解し、ＬＤはCure（治療）できない、Cope（対処）の方法があるのみだと、そう語り、書いてきたことを取り下げねばなりません。

その書の中に、アルフレッド・トマティス博士が、神経可塑性によって、重度なＬＤ状

態を治療した例が紹介されていました。

可塑とは自由に物の形が作れるという意味で、神経可塑性とは、刺激を受けることで、新たな結合が脳のニューロン間に形成されるということです。

皮質下の機能不全となっているエリアに刺激を与え、脳の眠り込んだ神経回路を再生させ、ＬＤ状態を治療していきます。

聴覚、心理学、音声学を専門とするトマティス博士は、音による神経可塑性を見出したのです。

バーバラ・アロースミスさんも、機能不全になっている脳に働きかけて、自身の重度なＬＤを治療して、学校を経営し、講演等もしています。

「機能不全となっている神経細胞に働きかけて治療していく」方法が可能だということは、今までの「ＬＤは改善あるのみで治療できない」という、ＬＤ観を覆すコペルニクス的転回です。

重度なＬＤ状態が、神経可塑性により治療できたという、バーバラ・アロースミスさんのＬＤ状態が、いかに重度であったかをノーマン・ドイジ著『脳は奇跡を起こす』から一部を紹介します。

(1) 発話を担うブローカ野がうまく機能せず、単語をうまく発音できない。
(2) 運動感覚に問題があり、左側の腕や足がどのくらい動いたかわからない。よくつまづく。転ぶ。車は左側をぶつける。
(3) 視野が狭く、一度に数文字しか目に入らない。
(4) 記号と記号の関係を理解する脳の領域が正常に機能しない。
(5) 文法や算数の概念、論理、因果関係を理解するのが苦手。
(6) 二重否定は、読解不能。
(7) 時計の長針と短針の関係がわからない。
(8) 左右の関係が理解できない。
(9) 原因と結果が理解できない。
(10) 5×5は覚えられるが、どうしてそうなるかわからない。
(11) 暗記問題は満点だが、関係を問う問題はよくできない。
(12) 能力にばらつきがあり、多くの面で才能はあった。

以上は、アロースミスさんのLD状態のごく一部です。非常に重度な状態を治療しています。

治療可能であるという観点からもＬＤ状態は、障害ではなく症状です。ＬＤ状態を「発達障害」用語に組み込んで、どう対処すればよいかわからないといっている場合ではありません。ＬＤは、治療できるという前提の上に立って対応すべきです。

以前出版した自著は、全て補償教育が主題でした。ある自著の副題に「ＬＤ状態は改善できる」と付けましたが、神経可塑性により「ＬＤは治療できる」という主題が可能なのだと知りました。

この書中で、以前の自著から、ディスレクシアのマック少年や、言語中枢未発達と父親にいわれた子のことなどを引用しましたが、補償教育が主体であったことの事例として、あえて、ここに登場させました。

しかし、ＬＤ状態に葛藤したジェームス・バウアー青年のことを指導した、セラピスト、ウイルソン・アンダーソン先生の方法が、補償教育であったのか、神経可塑性に働きかけたのかは、わかりません。

なぜなら、指導方法については、書かれていなかったのです。しかし、「ＩＱの高い人によく起きる。理由は明らかではないが、読み・書き・綴りに問題が生じる」という記述から、補償教育であったと推測します。その推測は「理由が明らかでない」という点からです。

PELAKA
WEDNESDAY
SUNDAY

次回、私がＬＤ教育に携わることが可能ならば、神経可塑性に働きかけるプログラムを実行したいものだと考えています。ＬＤ状態が治療されたら、ＬＤ用語は必要なくなります。

また、氏家靖浩先生が言われているように、全ての子に公教育が機能していれば、子どもにどのようなラベルも付ける必要がないということになります。

最後に、二〇一九年五月二二日に送られてきた写真を紹介します。

マレーシア、ペラ州のイポー市立タシ・ダマイ小学校の様子です。二〇一四年に小学校に入学したイザッ君は、Autism（自閉症）の診断で特別教育のクラスに入ってきました。このクラスには、知的障害の子、肢体不自由な子、等々、さまざまな状態の子どもたちが学んでいました。全体を把握しながらも、それぞれの状態に配慮したかかわりで、先生方の指導は優れているという感じでしたが、教室の中をうろつく三人の子どもが目につきました。

Autism（自閉症）と診断された子どもたちでした。

そこで、Autism（自閉症）の特性を考慮したプログラム、ＴＥＡＣＣＨを実施することを提案して、教師たちの賛同を得て実行に移しました。

教室の中をうろつき、自分勝手なことをしていたイザッ君たちはこの教育の中で見事に自立し、社会性も育まれました。

あれから五年が経ち、イザッ君は六年生になり、成長した姿を撮った写真を、ＴＥＡＣＨを担当しているNADIA先生が送ってくださったのです。

NADIA先生は次のように書いています。

Yesterday, we had an art class.

We did some painting for "Hari Raya" celebration which will be held on 5th of June.

Izzat can focus on his work.

He did very nice painting.

He can now focus during any classes

He now became a very nice young man.

（昨日、美術クラスがありました。

私たちは、六月五日に行われるハリラヤの祝賀会のために、ポスターの色塗りをし

ました。
　彼のペインテングは素晴らしかった。
　今、彼はどのクラスにも集中して学ぶことができます
　今や素敵なヤングマンに成長しています。）

という内容のメールでした。

Autism（自閉症）という診断のもと、それに適った教育で見事に成長したイザッ君です。「発達障害」という用語で曖昧にせず、その状態をきちんと把握することが、イザッ君のような子どもたちには不可欠です。

おわりに

全ての子どもが普通学級で学ぶというアイデア、インクルーシブ教育には賛成します。けれど、重度な心身障害のある子どもと何も問題がない子どもを同じ空間で教育することは、果たして可能なのかと考えてしまいます。環境づくり、教師の育成をはじめ、さまざまなことを確立しないと、全ての子どもが満足する状況は難しいでしょう。

どの子も公の学校で学ぶ権利を有します。

しかし、さまざまな状態の子どもたちが一つの空間で、効果的に学ぶことは困難です。

私は、マレーシアの特別学級の一人の生徒（Y君）に、約三か月間、毎日対応した経験があります。彼は、生後半年までは正常であったけれど、風邪のウイルスに脳細胞が侵されて、視聴覚能力や認知能力の発育が止まったかのような状態でした。身長体重は小学生にしては大きく、インド系の子らしく真っ黒な瞳が大きく開き、澄んだ眼でじっと前を向いていました。聞こえているのか見えているのか、分かっているのか、といった判断をし

ながら、マルチセンソリー・アプローチで、触覚を利用しながら、ビーズを持たせ、箱に落とすという作業を延々としました。持った感覚はあるのか、落とすという合図が分かるのか、これでこの子の何が伸びているのかと、悩みながらの実践でした。

特別学級に在籍する他の子どもたちは、担任と補助担任が授業を行っていました。Y君も他の子どもたちも一つの学級に存在しましたが、共有できる学習活動はなく、交流できる能力がY君にはなく、ただ同じ空間にいるだけという状況でした。

これが通常学級だとしたら、そこで学ぶ子どもたちは、Y君と交流しようと働きかけているかもしれませんが、一人のボランティアがつきっきりで対応しなければならない状況のY君に、子どもたちが対応するとしたら、その子どもたちは、自身の学習に影響します。同じ空間にいることがインクルーシブ教育ではないと皆、分かっています。しかし、さまざまな環境が整わない限り、インクルーシブ教育は困難です。

一人一人の子どもが今より一歩でも前進できる、特別に用意された空間で学ぶことは、学ぶという権利を守っていると考えます。皆が、その特性に適った方法で学ぶことこそ、皆にとっての平等なのではないかと思います。

マレーシアで、自閉症のＴＥＡＣＣＨという教育方法を提案したとき、特別に作った構

造化教室で、しっかりと学ぶことを目指しました。結果的には、普通学級で学んでいたら、そこまでは成長していなかっただろうという、先生方の感想でした。

一九〇四年、教育心理学者ビネーは、フランスの文部大臣から知的遅滞の学童を識別する方法を作成する委員に任命されました。そして、計量尺度を基に、教育によって改善が望めるという子どもたちが選ばれて、特別教育学級で学べるようになりました。それは差別が目的ではなく、精神遅滞の子どもたちは、特別教育から恩恵を受けることができるし、普通学級システムでは学んでいけないだろうと考えてのことでした。

普通学級で学ぶことに困難がある子どもたちが特別学級で学ぶということは、差別というより、適切な対応だと、ビネーの考えに賛成します。

肢体不自由児も知的障害児も視聴覚障害児も病虚弱児も自閉症児もＬＤ児もＡＤＨＤのある子も、重度重複障害児も、その他の問題がある子もない子も、それぞれの存在に適った対応をされるならば、特別学級であっても普通学級であってもよいと私は考えます。

現在日本では、「自閉症のある子、ＬＤのある子、ＡＤＨＤのある子、そして、何と診断してよいかわからないが平均的ではない状態の子」らを普通学級で対応することをインクルーシブ教育と捉える傾向があるようです。しかし、インクルーシブ教育は重度心身障

害児も含む全ての子どもが対象です。

それが可能なのかどうか、インクルーシブ教育については、そのアイデアの始まりから、世界中で検討されねばならない事柄だと考えます。

氏家先生が言われるように、全ての子どもに公教育が機能するならば、障害でもないのに「発達障害」と呼ばれている子どもたちだけではなく、「重度心身障害児」の子どもたちも、皆、通常学級で学習できます。そして、「それを可能にしていく」方法を考えていかねばならないと考えます。

「学習障害」という用語が出始めたころ、「障害でもない子らの障害児群をつくらないように」という文章に出会ったことがあります。

現在、流行している「発達障害」という用語についても、同じような懸念を抱き、その障害用語に、障害でもない子どもたちを括る必要があるだろうかと、常々思っていました。

このことを人々に伝えたいという思いを、ここに実現できたことを感謝しています。

図書出版論創社の森下紀夫社長、永井佳乃編集者に心よりお礼を申し上げる次第です。

二〇一九年八月

玉永公子

参考文献

氏家靖浩「発達障害概念を講義する側の品格」松本雅彦、高岡健編『発達障害という記号（メンタルヘルス・ライブラリー21）』批評社、二〇〇八年、一三〇～一四四頁

河合俊雄『発達障害者への心理療法的アプローチ』創元社、二〇一〇年

熊谷高幸『自閉症からのメッセージ』講談社現代新書、一九九九年

榊原洋一『多動性障害児』講談社α新書、二〇〇一年

ジマーマン、バリー・J.、デイル・H・シャンク編集（塚野州一訳）『教育心理学者たちの世紀——ジェームズ、ヴィゴツキー、ブルーナー、バンデューラら16人の偉大な業績とその影響』福村出版、二〇一八年

菅井準一『アインシュタイン——原子力の父（世界偉人伝全集48）』偕成社、一九六六年

高岡健「発達障害学説小史」松本雅彦、高岡健編『発達障害という記号（メンタルヘルス・ライブラリー21）』批評社、二〇〇八年、一五五～一六〇頁

滝川一廣「発達障害をどう捉えるか」松本雅彦、高岡健編『発達障害という記号（メンタルヘルス・ライブラリー21）』批評社、二〇〇八年、四四〜五五頁
玉井収介『自閉症』講談社現代新書、一九六八年
玉永公子『特別教育　いま、マレーシアは――インクルーシブ教育をめざす世界の障害児教育』ラピュータ、二〇一六年
玉永公子『ディスレクシアの素顔』論創社、二〇〇五年
玉永公子『ＬＤラベルを貼らないで』論創社、二〇〇〇年
ドイジ、ノーマン（高橋洋訳）『脳はいかに治癒をもたらすか』紀伊國屋書店、二〇一六年
ドイジ、ノーマン（竹迫仁子訳）『脳は奇跡を起こす』講談社インターナショナル、二〇〇八年
中山光義（岩井泰三・絵）『エジソン――世界の発明王（世界偉人伝全集12）』偕成社、一九六〇年
米国精神医学会（高橋三郎、大野裕監訳）『ＤＳＭ－５　精神疾患の分類と診断の手引』医学書院、二〇一四年
米国精神医学会（高橋三郎、大野裕、染矢俊幸訳）『ＤＳＭ－Ⅳ－ＴＲ　精神疾患の分類と診断の手引』医学書院、二〇〇三年
村瀬学、田中究、松本雅彦、高岡健編「座談会　発達障害概念の再検討」松本雅彦、高岡健編『発達障害という記号（メンタルヘルス・ライブラリー21）』批評社、一一一〜四三頁

矢野健太郎『アインシュタイン伝』新潮社（新潮選書）、一九八六年

「現代外国人名録」大橋敏夫発行、日本アソシエーツ株式会社、一九九二年

Ansari, D. and Karmillof-Smith, A., "Atypical trajectories of number Development:A neuroconstructive perspective," *Trends in Cognitive Sciences*, 6 (12), 511-516. 2002.

Carolyn Abraham, *Canadians open door to learning-disorder drug*, globeandmail.com. 2009.

James J. Bauer, *The Runaway Learning Machine: Grouping up Dyslexic*, Educational Media Corporation, 1992.

Larry B. Silver, M.D., *The Misunderstood Child*, Three Rivers Press, New York, Third Edition, 1998.

Sandi Ezrine, A Primer on Dyslexia, *Copyright Sandi Ezrine*, 1979.

Shiela Eyberg. Ph, D, *Parent-Child Interaction Therapy, PCIT Training Committee*, University of Florida, February 2009.

Stanovich, K. E. and Siegel, L. S., "Phenotypic performance profile of children with reading disabilities," *Journal of Educational Psychology*, vol. 86, pp. 24-53, 1994.

Zigmont. N., *Learning disabilities froman educational perspective*, Baltimore: Paul H. Brookes, pp. 251-272, 1993.

"The Help Group, because every child deserves a great future," 13130 Burbank Boulevard, Sherman Oaks, California, 91401.

TIME, OVERCOMING Dyslexia, What new brain science reveals and what parent can do, July 28 2003

「オリンピック水泳八冠は、ADHD――マイケル・フェルプスの母」二〇〇八年八月一八日

▶ http://d.hatena.ne.jp/kuboyumi/200808/219090456

笠原敏雄「ADHDと呼ばれる状態像の歴史と現状」Copyright 2008-2011, last modified on 3/10/11

▶ http://www.02.246.ne.jp/-kasahara/psycho/adhd2.html

History of ADHD, Just another UMW Blogs weblog, Dr. Heinrich Hoffman (19th Century), PMID:1527664 J, eurpsy. 2004.05.04

▶ http://adhd.umwblogs.org/dsmii/influential-people/dr-hinrich-hoffman-19th-century/

Roger Dobson Abergavenny, Could Fidgety Philipp be proof ADHD is not a modern phenomenon? Copyright 2004, BMJ publishing Group Ltd.

▶ https://www.ncbi.nlm.nih. Gov/pmc/articles/PMC517676/

The Story Of Fidgety Phillp, Struwwelpeter by Heinrich Hoffman, Robert Godwin-Jones, Virginia Commonwealth University 1994-1999.

▶ http://germanstories.vcu.edu/struwwwel/philpp_e.html

❖著者略歴❖

玉永公子（たまなが・きみこ）

国立大分大学卒業、南カリフォルニア大学大学院修了。修士号（特殊教育）取得、博士号（教育心理学）取得。国際ディスレクシア協会会員、日本教育心理学会会員。現在、東日本国際大学特任教授。

著書として、『特別教育　いま、マレーシアは――インクルーシブ教育をめざす世界の障害児教育』（ラピュータ、2016年）、『「発達障害」の謎』（論創社、2013年）、『ディスレクシアの素顔』（論創社、2005年）、『LDラベルを貼らないで！』（論創社、2000年）。

用語「発達障害」批判

2019年10月14日　初版第一刷印刷
2019年10月24日　初版第一刷発行

著　　　者　玉永公子

発　行　者　森下紀夫

発　行　所　論 創 社
〒101－0051
東京都千代田区神田神保町２－23　北井ビル
tel. 03（3264）5254　fax. 03（3264）5232
web. http://www.ronso.co.jp/
振替口座　00160-1-155266

編集・組版・装幀　永井佳乃
印 刷・製 本　中央精版印刷

ISBN978-4-8460-1865-8

JN221650